Frauke Ludowig

Glamour ist kein Geheimnis

*Mein ganz persönliches
Wohlfühl- und Beauty-Programm*

Marion von Schröder

Inhalt

Vorwort

Es gibt Promis, die lassen keine Party aus, nutzen jede Gelegenheit, sich auch noch auf der einsamsten Malediven-Insel von den bösen Paparazzi »erwischen« zu lassen, und manche geraten sogar in einen verhängnisvollen Strudel aus Szenedrogen und Alkohol.

Auf der anderen Seite gibt es Stars, die erkannt haben, dass positive öffentliche Aufmerksamkeit und echter Glamour ganz entscheidend mit einem inneren Gleichgewicht zusammenhängen. Wer Gelassenheit und Ruhe ausstrahlt, wirkt auf seine Umwelt anziehend und gewinnt, unab-

hängig von äußerer Schönheit, langfristig an Charisma und Attraktivität. Richard Gere ist so ein Beispiel. Der Mann wurde zwar mit seinem Aussehen von der Natur bereits reich beschenkt. Doch seine ungebrochene Strahlkraft hängt wohl auch damit zusammen, dass er sich Anfang der 90er Jahre vom schön anzusehenden »American Gigolo« zum bekennenden Buddhisten wandelte und als enger Freund des Dalai Lama gilt. Schauspielerin Ursula Karven und Model Christy Turlington schwören seit Jahren auf Yoga, um den Spagat zwischen Job und Familie zu schaffen. Und auch das »Material Girl« Madonna wurde inzwischen zum Spiritual Girl – sie ist begeisterte Anhängerin der jüdischen Geheimlehre Kabbala.

Weniger spirituell ist mein ganz persönlicher Relax-Favorit: Qigong, das ich durch meine Freundin und Personaltrainerin Susanne Preiss kennen und lieben gelernt habe. Es hilft mir, mich nach einem anstrengenden Tag im Sender oder der Live-Moderation einer Gala wieder zu erden, die Batterien aufzuladen und mich mit neuer Energie meiner Familie widmen zu können.

Der Tag beginnt bei uns – und das ist mir wichtig – ohne Stress. Da wir in der glücklichen Situation sind, dass Nele und Nika noch nicht schulpflichtig sind, können wir ein bisschen länger schlafen. Das heißt, dass wir erst so gegen acht aufstehen müssen. Wir frühstücken ausgiebig zusammen, dann bringe ich die beiden in den Kindergarten. Mittags werden sie dort von Henny, unserer Kinderfrau, abgeholt, die den Nachmittag mit ihnen zuhause verbringt. Sie ist gelernte Erzieherin und einfach phantastisch. Auf sie kann ich mich hundertprozentig verlassen. Andernfalls hätte ich im Job keine Ruhe.

Um zehn Uhr muss ich im Sender sein. Das schaffe ich allerdings fast nie pünktlich auf die Minute. Mal fällt Nele kurz vor dem Verlassen des Hauses ein, dass sie heute unbedingt statt der blauen Strumpfhose die pinkfarbene anziehen muss, mal kann Nika sich nicht entscheiden, welche Haarspange es denn heute sein darf. Anschließend herrscht natürlich Stau auf dem Weg zum Kindergarten, oder alle Ampeln stehen auf Rot oder, oder…

Mit Kindern ist eben nichts wirklich planbar. Davon kann wohl jede Mutter ein Lied singen.

Im Sender angekommen, geht es gleich in die erste Konferenz. Aktuelle Berichte aus den Tageszeitungen werden besprochen. Welcher Prominente hat eine neue Geliebte? Wer lässt sich scheiden? Wer muss in die Suchtklinik? Und welche neuen Skandalmeldungen gibt es über Prinz Harry? Danach Telefonate, Planungen für die Sendung am Abend. Mittags schaffe ich es manchmal, Nele aus dem Kindergarten abzuholen und gemeinsam mit den Kindern zu Hause zu Mittag zu essen – leider viel zu selten.

Danach beginnt der Countdown für die Sendung: erneute Konferenz, Schreiben meiner Moderationstexte und ab in die Maske. Während die Haare frisiert und das Make-up aufgetragen werden, nutze ich die Zeit und lerne meine Texte auswendig, denn ich lese nicht ab und verlasse mich auch nicht auf den Teleprompter. Um 18:15 Uhr geht's dann ins Studio, Punkt 18:30 fängt meine Sendung an. Wenn um 18:45 Uhr der Abspann läuft, bin ich schon wieder auf dem Weg nach Hause.

Um kurz nach 19 Uhr gibt es daheim eine kurze Besprechung mit Henny, bevor sie sich verabschiedet, bald darauf kommt Kai nach Hause – und wir sind endlich wieder zu viert. Das gemeinsame Abendessen ist ein wichtiges Ritual. Jeder erzählt, was er erlebt hat, und die Kinder bleiben meist auch ein wenig länger wach, sonst hätten wir kaum Zeit miteinander.

Wenn die beiden dann im Bett sind, beginnt die ganz private Auszeit – nur für meinen Mann und mich. Wir trinken ein Glas Wein oder einen Tee, sprechen über den Tag, lesen ein wenig oder sehen auch mal fern. So gegen Mitternacht gehe ich meist ins Bett. Ich brauche einfach viel Schlaf, sonst fühle ich mich den ganzen Tag schlecht und gestresst und sehe auch so aus. Von Glamour also erst einmal keine Spur …

Glamour-Killer Stress – und wie man ihn loswird

Wie gesagt: Die Kinder trödeln morgens gerade dann beim Anziehen, wenn man es besonders eilig hat. Auf der Autobahn ist an solchen Tagen – natürlich – Stau. Im Büro angekommen, begrüßt mich der Computer zunächst mit dem »schweren Ausnahmefehler 512«. Und der atemlose Run zum Flughafen in allerletzter Minute endet nicht selten damit, dass der Flieger zwei Stunden Verspätung hat ...

Sie kennen dieses Gefühl sicher so gut wie ich: Manchmal wird einem einfach alles zu viel. In den meisten Menschen macht sich in solchen Situationen Ärger breit und der Eindruck, ewig den Ereignissen hinterherzurennen. Ärger entsteht immer dann, wenn das Leben anders verläuft, als wir es uns wünschen. Ärger ist eine Art der Aggression, eine Mischung aus Wut und Enttäuschung. Er kann durch Frustration, unangenehme Ereignisse, Ungerechtigkeiten, aber auch durch direkte verbale Provokation entstehen. Viel Ärger wiederum führt zu Stress.

Stress – was ist das eigentlich?

Stress ist eigentlich ein Relikt aus Urzeiten, das den Menschen einst beim Überleben half. Wenn zum Beispiel plötzlich ein Bär vor dem Steinzeitmenschen stand, stellte ihm sein Körper in dieser brenzligen Situation sofort Energie für blitzschnelle Reaktionen bereit. Die »Wachmacher«-Hormone Noradrenalin, Adrenalin und Kortisol wurden ausgeschüttet. Sie ließen das Herz schneller schlagen, erweiterten die Bronchien zur besseren Sauerstoffversorgung, pushten das Immunsystem, setzten verstärkt Blutgerinnungsstoffe frei und versorgten die Muskeln mit einer frischen Ladung Nährstoffen. Gleichzeitig wurden momentan unnötige Funktionen wie die Verdauung oder der Sexualtrieb auf ein Minimum heruntergefahren. So voller Power konnte ein

Steinzeitmensch leichter die Flucht ergreifen oder auch mit dem Bären ringen, obwohl der viel größer und kräftiger war.

Genau diese Muster laufen auch heute noch im menschlichen Körper ab. Begegnen wir am Montagmorgen im Büro als Erstes dem cholerischen Chef, kommen die Stresshormone in Wallung. Genauso ist es, wenn uns auf der Straße ein Drängler mit Lichthupe fast auf die Stoßstange fährt. Nur sind diese uralten Stressreaktionen heute eher kontraproduktiv, denn auf der Autobahn oder im Büro wird man weder davonlaufen noch jemanden handfest attackieren können. Eine Folge: Die Stresshormone kreisen noch lange nach einer aufregenden Situation im Blut, der Körper befindet sich in einem ungesunden Ungleichgewicht – und kann sogar krank davon werden.

Experten bezeichnen diesen ungesunden Stress auch als Di-Stress. Doch es gibt auch einen guten Stress, den sogenannten Eu-Stress. Diese positive Variante hilft mir beispielsweise bei einem Live-Interview oder der Moderation vor einem großen Publikum, hellwach zu sein und Höchstleistungen zu vollbringen. Der erhöhte Blutdruck und der schnellere Herzschlag wirken gegen Müdigkeit, die Gehirntätigkeit wird durch die Wachmacher-Hormone angeregt.

Experten teilen Menschen, die sich häufig ärgern, übrigens in zwei Typen ein: den Choleriker und das Opferlamm. Beiden gemeinsam ist oft ein geringes Selbstwertgefühl. Sie fühlen sich von anderen nicht ernst genommen oder glauben, der andere wolle sie als dumm oder unfähig hinstellen. Der Choleriker reagiert nach HB-Männchen-Manier und geht sofort an die Decke. Das Opferlamm hingegen schluckt den Ärger herunter und beißt die Zähne zusammen, während es in seinem Inneren brodelt und gärt. Opferlämmer sind deshalb häufig sehr nervös, unruhig und neigen manchmal zu überraschenden Ausbrüchen.

Doch wie geht man mit unerwünschtem Di-Stress um? Bereits Kurt Tucholsky erkannte: »Das Ärgerliche am Ärger ist, dass man sich schadet, ohne anderen zu nützen«. Mit Wut schadet man vor allem sich selbst. Wie wahr. Vor Jahren fand ich in einer Arztpraxis eine Übersicht, die mich nachdenklich machte. Aufgeführt waren gleich mehrere mögliche Folgen von permanentem negativem Stress, nämlich Herzinfarkt- und Schlaganfallrisiko, Gedächtnisschwäche, Verspannungen im Rücken, Zähneknirschen (vor allem nachts, mit anschließenden Muskelkater-Schmerzen in der Wange, rissigem Zahnschmelz und abgeschliffenen Zähnen), Zahnfleischerkrankungen, Magenprobleme (vom einfachen Sodbrennen bis hin zum Magengeschwür), Immunschwäche und Impfstoffresistenzen und, last but not least, Libidomangel inklusive Beeinträchtigung der Fruchtbarkeit – bei Frau und Mann gleichermaßen. Ärger, Hektik und Probleme wirken sich also direkt auf die Gesundheit aus.

Ganz ruhig bleiben: Die besten Anti-Ärger-Tipps

Der Autofahrer, der einem den Parkplatz vor der Nase wegschnappt; die Verkäuferin, die uns keines Blickes würdigt und sich stattdessen mit ihrer Kollegin unterhält; die lange Schlange im Supermarkt, wenn man es eilig hat … Schnell kommt in solchen Situationen das Gefühl von Ärger und Wut hoch. Das können Sie dagegen tun:

◆ Werden Sie sich darüber klar, wo und wer ein häufiger Auslöser von Ärger ist. Fragen Sie sich auch, warum dieses Verhalten von anderen Sie so zornig macht. Fühlen Sie sich nicht ernst genommen, oder haben Sie das Gefühl, dass alle anderen weniger fähig sind als Sie?

◆ Manche dieser Situationen können Sie eventuell meiden, anderen können Sie vorbereiteter entgegentreten. Manchmal hilft es, sich in Gedanken ein »Codewort« zu sagen, das die schlimmste Wut etwas eindämmt. Gut bewährt hat sich auch die Progressive Muskelrelaxation.

◆ Es gibt Situationen, für die es sich lohnt, auf die Barrikaden zu gehen, und es gibt Ärger, der niemandem weiterhilft. Manche Wut, und sei sie noch so nachvollziehbar, ändert die Welt einfach nicht zu Ihren Gunsten. So wird zum Beispiel der Autofahrer vor Ihnen nicht schneller fahren, nur weil Sie wütend sind.

◆ Versuchen Sie, das Verhalten anderer nicht persönlich zu nehmen. Sagen Sie sich in einer akuten Situation, in der Sie jemand verärgert, dass sich der andere so verhält, weil er es in Ordnung findet, und nicht, um Sie zu verletzen oder zu ignorieren.

◆ Äußern Sie Frust dort, wo er hingehört. Der Ärger auf unbeteiligte Personen erzeugt nur neue Aggression und führt nicht weiter. Bleiben Sie aber auch an der richtigen Adresse so ruhig und sachlich wie möglich, auch wenn es in Ihnen brodelt.

◆ Wenn Sie sehr wütend sind, sollten Sie den Menschen, über den Sie sich ärgern, nicht direkt angehen. Versuchen Sie stattdessen, Ihren Unmut später schriftlich in Worte zu fassen, wie in einem Tagebuch. Verwenden Sie Schimpfwörter, wenn Ihnen danach ist. Manchmal kann es auch schon helfen, aus dem Raum zu gehen und die Situation etwas »sacken« zu lassen. Bei leichteren Wutgefühlen sollten Sie die betreffende Person ansprechen. Vermeiden Sie jedoch Anschuldigungen und Pauschalurteile wie »Immer machst du…« oder »Wie konnten Sie nur…«. Bringen Sie die Kritik stattdessen in der Ich-Form an, zum Beispiel »Ich habe erwartet…« oder »Mir gefällt nicht, dass….«.

◆ Erlauben Sie sich auch mal Dampf abzulassen – aber möglichst alleine. Sehr entspannend kann eine Runde Joggen oder Walken wirken. Ist der Ärger größer: Hauen Sie ruhig mal auf den Tisch oder knuffen Sie fest in einen Sandsack.

Entspannen kann man lernen

Stress kann man überlisten. Relax-Übungen helfen dabei, um schneller von hundert wieder herunter auf null zu kommen. Viele Menschen entspannen auch beim Sport, etwa beim Joggen. Mir ist das nie gelungen – Laufen hat mich immer noch hibbeliger gemacht, und ich habe mich dabei einfach nicht wohl gefühlt. Bis mir ein befreundeter Arzt sagte, dass Laufen vielleicht nicht die maßgeschneiderte Sportart für mich sei. Daraufhin habe ich mich nicht weiter gequält und bin über meine Freundin Susanne Preiss auf Qigong gekommen. Sie hat die chinesische Entspannungstechnik von einem alten Meister in Shanghai gelernt und nach sieben Auslandsjahren in Südamerika und Asien in Hamburg »Shenzai – The Qi Gong Company« gegründet.

Susanne hat, wie viele andere Menschen, die Bedeutung des Wortes Stress am eigenen Leib erlebt. Nach ihrem Studium der Betriebswirtschaft arbeitete sie zunächst als Kundenberaterin in der Werbung und später als Etatdirektorin bei einer großen Hamburger Werbeagentur. Dauermeetings, Kundengespräche, ständig mit dem Flieger auf Achse, all das kannte Susanne nur zu gut. Bis sie schließlich in Shanghai die Langsamkeit entdeckte und spürte, wie gut das tat. Nachdem sie mir die Entspannungsmethode Qigong beigebracht hatte, habe auch ich gemerkt, dass kleine Zipperlein wie Nackenverspannungen, Rückenschmerzen oder auch Kopfschmerzen oft ein Signal des Körpers sind, einfach mal einen Gang runterzuschalten. Wenn man die ignoriert, kann es irgendwann zu Depressionen, Angststörungen, Herzerkrankungen, Bluthochdruck oder chronischen Schmerzen kommen. Seit Susanne mir ein ganz persönliches Trainingsprogramm verpasst hat, merke ich, dass die kleinen Stresssignale seltener werden und ich weniger müde, deutlich fitter und ausgeglichener bin.

Mit Yin und Yang zur inneren Balance: Qigong

Mein Favorit ist Qigong (in Deutschland auch Chi Gong oder Qi Gong geschrieben), eine chinesische Entspannungsmethode, die Körper, Geist und Seele gleichermaßen in Balance bringt. Neben Yoga und Tai-Chi gehört Qigong hierzulande wohl zu den beliebtesten Asia-Entspannungsmethoden. Im Gegensatz zum Tai-Chi, ursprünglich eine Selbstverteidigungsart der daoistischen und buddhistischen Mönche, war Qigong immer schon eine Gesundheitsübung. Ziel ist es, die Lebensenergie Qi (oder auch Chi) wieder in Fluss zu bringen. Das Qi fließt auf Leitbahnen, den so genannten Meridianen, durch den Körper. Ist es blockiert, fühlen wir uns unwohl, sind gestresst und werden nach einiger Zeit in dieser Dysbalance sogar krank. Qi gewinnt der Körper aus der Luft, die wir atmen, aus den Lebensmitteln, die wir essen, und aus den bei der Geburt angelegten Ressourcen in uns. Beim Qigong wird dieser Energiefluss aktiviert.

Diese Aktivierung schafft man mit langsamen Bewegungssequenzen von unterschiedlicher Dauer, die harmonisch ineinanderfließen. Es gibt Übungen im Sitzen, Stehen, Liegen oder Gehen. Einige dienen der Kräftigung der Muskulatur, andere dem Entspannen und Wohlfühlen.

All das passiert nach dem Yin-und-Yang-Prinzip. Dieses asiatische Symbol eines ganzheitlichen Weltbilds bezeichnet zwei gegensätzliche Seiten, die voneinander abhängig sind, sich bedingen und immer wieder ausgleichen. So steht das Yin für das weibliche Prinzip, Yang für das männliche. Yin ist der Mond, die Nacht und die Erde, während Yang für die Sonne, den Tag und den Himmel steht. Diese Polarität bedeutet aber auch, dass das eine nur existieren kann, weil es auch das andere, das Gegenteil, gibt. Übertragen auf Qigong bedeutet dies,

*Relax-Übungen helfen dabei,
um schneller von hundert wieder
herunter auf null zu kommen.*

dass sich öffnende und schließende Bewegungen abwechseln. Wenn ein Bein gebeugt wird, muss es danach auch wieder gestreckt werden. Nur so ist gewährleistet, dass eine Partie nicht mit zu viel Qi versorgt wird, während eine andere leer ausgeht und es so zu einem Ungleichgewicht im Körper kommt.

Falls auch Sie Interesse an diesen harmonischen Bewegungen haben: Es gibt inzwischen viele Sportstudios und Schulen, die Qigong anbieten. Auch an Volkshochschulen kann man schon für wenig Geld Kurse belegen.

Zum Ausprobieren möchte ich Ihnen zunächst eine relativ einfache Übung für den Anfang zeigen und Sie mit drei Grundpositionen bekanntmachen: dem hüftbreiten Stand, dem Reitersitz und der Schrittstellung. Danach stelle ich Ihnen noch eine sehr alte und gleichzeitig sehr bekannte Übungsreihe des Qigong vor, die »Acht Brokate«. Diese Übungen tauchten in China bereits während der Song-Dynastie (960–1279) auf. Woher die Bezeichnung »Acht Brokate« kommt, ist nicht genau überliefert. Einige glauben, dass die Muster und Farben wertvoller, aus Seide gewebter Brokatstoffe im übertragenen Sinne zu den Übungen angeregt haben. Andere Wissenschaftler gehen davon aus, dass die Übungen auf Brokatstoffen überliefert wurden. Wie auch immer: Die Acht Brokate sind in jedem Fall wertvoll – für Ihr ganz persönliches Wohlbefinden von Body & Soul.

Vorbereitung

Qigong hat viel mit Gefühl und Intuition zu tun und ist ganz sicher kein Leistungssport. Wichtig beim Erlernen ist, dass Sie sich ein wenig Zeit nehmen und die Übungen ruhig und ohne Hektik durchführen. Mal eben zwischen Tür und Angel ein bisschen Qigong einschieben – das funktioniert gerade zu Anfang leider nicht. Bauen Sie sich dafür 20 bis 30 Minuten in Ihren Tagesablauf ein und betrachten Sie Qigong nicht als lästige Pflicht, sondern als essentiell, genauso wie Sie niemals auf Essen, Trinken oder Schlafen verzichten würden. Und: Bleiben Sie locker und unverkrampft und führen Sie die Übung möglichst genau aus, sonst lohnt sich der ganze Aufwand nicht.

Der hüftbreite Stand

Er ist die Grundposition der meisten Qigong-Übungen im Stehen. Wenn man sie erst einmal verinnerlicht hat, geht sie ganz leicht. Anfangs mag Ihnen diese Art des Stehens anstrengend oder ungewöhnlich vorkommen, das gibt sich jedoch nach kurzer Zeit.

◆ Stellen Sie sich mit hüftbreit gespreizten Beinen hin, die Füße stehen parallel nebeneinander, die Fußspitzen zeigen nach vorne. Knie und Becken sind in einer Linie über den Füßen. Sie sollten auf beiden Füßen gleich fest stehen und nicht auf einem Bein mehr Körpergewicht haben als auf dem anderen.

◆ Gehen Sie dann leicht in die Knie. Versuchen Sie, den Po dabei nicht nach hinten herauszustrecken. Der Rücken sollte gerade bleiben. Sie werden merken, dass das Körpergewicht so nach unten sinkt und Ihnen einen sichereren Stand verleiht, als wenn die Knie komplett durchgedrückt sind.

◆ Die Arme hängen locker seitlich am Körper herunter, sollten aber nicht eng an die Seiten gepresst werden, etwas Abstand ist gut.

◆ Der Blick geht geradeaus beziehungsweise nach vorne. Die Kinnspitze zeigt ebenfalls geradeaus; das Kinn dabei nicht auf die Brust pressen.

◆ Stellen Sie sich dann vor, dass Ihr gesamter Körper von einem imaginären Faden ganz sanft nach oben in Richtung Decke gezogen wird.

◆ Schließen Sie ruhig die Augen, wenn Sie einen sicheren Stand spüren, und versuchen Sie, entspannt ein- und auszuatmen. Spüren Sie, wie Ihr Atem durch den Körper fließt, wie sich Ihr Brustkorb hebt und senkt, wie sich Ihr Stand auf dem Boden anfühlt.

◆ Wenn Sie die Übung in den Beinen als anstrengend empfinden, können Sie diese auch zwischendurch leicht ausschütteln.

Der Reitersitz

Der Reitersitz ist im Grunde genommen eine Abwandlung des hüftbreiten Standes. Durch ihn bekommen Sie sehr viel Stabilität im Unterkörperbereich.

◆ Die Füße stehen fest auf dem Boden, und zwar im doppelt hüftbreiten Abstand.

◆ Beugen Sie dann die Knie und die Hüftgelenke so weit, dass die Beine und das Becken einen Bogen formen. Stellen Sie sich einfach ein Pferd zwischen Ihren Beinen vor, das einen ganz schön ausladenden Rücken hat.

◆ Entspannen Sie dann den Bereich der Lendenwirbel ein wenig, etwa so, als wollten Sie sich auf einen Stuhl setzen.

◆ Der Blick geht geradeaus.

◆ Spannen Sie Hüfte und Rücken dabei nicht zu sehr an, dann bleiben Sie beweglicher.

Die Schrittstellung

Die Schrittstellung ist eigentlich keine Ausgangsposition, sondern kommt innerhalb von Übungsfolgen vor, um eine Gewichtsverlagerung zu erreichen.

◆ Gehen Sie in den hüftbreiten Stand. Verlagern Sie dann das Körpergewicht auf das rechte Bein. Drehen Sie sich dabei leicht nach links in Richtung des linken, unbelasteten Beines. Der linke Fuß sollte dabei auf der Ferse leicht mitdrehen.

◆ Dann setzen Sie den linken Fuß um eine Fußlänge nach vorne. Jetzt sind Sie in der Schrittstellung.

◆ Sie können die Übung natürlich auch mit einer Gewichtsverlagerung auf dem linken Bein ausführen.

Die Acht Brokate

Den Boden berühren

Stellen Sie sich hüftbreit auf den Boden. Beugen Sie dann den Oberkörper vor, indem Sie sich Wirbel für Wirbel langsam abrollen, bis Sie mit den Händen die Füße berühren können. Lassen Sie Kopf und Arme dabei entspannt nach vorne baumeln und schütteln Sie die Arme etwas aus. Beim Aufrichten sollten Sie das Becken ein wenig nach unten sacken lassen, dann Wirbel für Wirbel wieder nach oben aufrollen. Achten Sie bei dieser Übung bewusst darauf, dass die Füße fest auf dem Boden stehen und das Gewicht auf ihnen ruht. Wiederholen Sie die Übung einmal.

Den Bogen spannen und zielen

Nehmen Sie den Reitersitz ein. Heben Sie dann die Arme vor dem Körper an, bis sie sich vor der Brust kreuzen. Die Handflächen sind dabei dem Körper zugewandt. Drehen Sie jetzt die linke Hand und den linken Unterarm gestreckt nach außen und bilden Sie mit Zeige- und Mittelfinger eine Art Kimme. Die rechte Hand spannt dabei einen imaginären Bogen. Peilen Sie nun ein Ziel mit den Augen an. Dann senken Sie die Schulterblätter und bewegen Sie aufeinander zu, die Ellenbogen sinken dabei nach unten. Lassen Sie nun die Arme ebenfalls sinken und drehen Sie den Kopf wieder zur Mitte. Anschließend erneut in die Bogenhaltung gehen und das Ganze auf jeder Seite zweimal wiederholen.

Mit den Fäusten schlagen

Stellen Sie sich mit hüftbreit geöffneten Beinen und leicht gebeugten Knien hin. Machen Sie zwei geschlossene, aber weiche Fäuste und heben Sie die Arme entspannt in Brusthöhe. Schlagen Sie erst mit der rechten, dann mit der linken Faust gerade nach vorne. Achten Sie auf eine langsame, kontrollierte, niemals ruckartige Bewegung. Es sollte aussehen wie in Zeitlupe. Drehen Sie die Faust dabei leicht, so dass die Fingerknöchel am Ende des Schlags nach oben zeigen. Schlagen Sie dann mit einer leichten Oberkörperdrehung zunächst mit der rechten Faust nach rechts, mit der linken Faust nach links. Wiederholen Sie das Ganze zweimal auf jeder Seite.

Den Mond anhimmeln

Stellen Sie sich mit hüftbreit geöffneten Beinen stabil hin. Beugen Sie den Oberkörper und den Kopf nach rechts, das Becken bleibt dabei gerade und aufrecht. Drehen Sie dann den Kopf nach links oben und »himmeln« Sie mit Ihrem Blick den Mond an. Kehren Sie anschließend langsam wieder in die Ausgangsposition zurück, beugen Sie Oberkörper und Kopf nach links und richten Sie Ihren Blick wieder auf den imaginären Mond. Machen Sie diese Übung zu jeder Seite hin zweimal.

Alles hinter sich lassen

Diese Übung wirkt entspannend auf Nacken, Schultern und Arme. Stellen Sie sich dazu hüftbreit hin und drehen Sie den Kopf langsam zur Seite, der Rumpf bleibt dabei stabil. Die Arme hängen entspannt seitlich am Körper herunter. Die Handfläche des Armes, der dem Blick abgewandt ist, zeigt nach oben. Kehren Sie dann in die Ausgangsstellung zurück und drehen Sie den Kopf langsam zur anderen Seite. Pro Seite wiederholen Sie die Übung dreimal.

Die Füße heben

Stellen Sie sich mit hüftbreit gespreizten Beinen hin. Die Arme hängen locker neben dem Körper, die Handflächen zeigen nach hinten. Verlagern Sie dann Ihren Schwerpunkt nach vorne auf die Zehenspitzen, die Ferse hebt vom Boden ab. Die Arme dabei drehen, bis die Handflächen nach vorne zeigen. Setzen Sie die Fersen wieder am Boden ab, dabei auch die Arme wieder zurückdrehen, bis die Handflächen nach hinten zeigen. Wiederholen Sie diese Übung zehnmal.

Den Himmel und die Erde stützen

Stellen Sie sich hüftbreit auf den Boden. Heben Sie den rechten Arm im Bogen über den Kopf, die Handfläche zeigt dabei in Richtung Himmel. Der linke Arm sinkt gleichzeitig in einem Bogen nach unten; winkeln Sie dabei das Handgelenk ab, so dass die Handfläche nach unten zeigt und gewissermaßen die Erde »stützt«. Wichtig bei dieser Übung: Bleiben Sie so aufrecht wie möglich und verziehen Sie Ihren Körper nicht seitlich. Wiederholen Sie die Übung zweimal auf jeder Seite.

Cindy Crawford, Topmodel:

Bewegung ist mir wichtig, sie hilft beim Entspannen. Dreimal in der Woche steht bei mir eine Stunde Gymnastik auf dem Programm. Langsames Stretching vor und nach dem Workout ist dabei sehr wichtig. Während meiner beiden Schwangerschaften habe ich viel Yoga gemacht. Zudem schwöre ich auf Plyometrics – das ist ein Sprungtraining, das die Muskeln kräftigt, dabei aber die Gelenke schont.

Falls Sie sich mit Qigong nicht anfreunden können: Es gibt jede Menge anderer Entspannungstechniken, darunter auch Relax-Quickies, die Sie blitzschnell wieder seelenruhig machen und die Hektik des Alltags vergessen lassen. Die effektivsten möchte ich Ihnen auf den folgenden Seiten vorstellen.

Einfach mal loslassen

Der Schauspieler Til Schweiger kuriert seine extreme Flugangst mit der Jacobson-Methode, auch Progressive Muskelrelaxation (PMR) genannt. Der Hintergrund: Wenn wir unter Dampf stehen, spannen wir automatisch Muskeln an, die in diesem Moment gar nicht gebraucht werden. Dadurch entstehen schmerzhafte Verspannungen, häufig im Bereich des Nackens und der Schultern. Wer schon mal unter Zeitdruck einen längeren Text am Computer schreiben musste, weiß, wovon die Rede ist. Danach fühlt man sich wie einbetoniert in die Sitzposition, der ganze Körper wirkt irgendwie steif. Loslassen heißt deshalb die Devise. Der amerikanische Arzt und Physiologe Edmund Jacobson erkannte das schon Anfang des 20. Jahrhunderts. Durch abwechselnd gezieltes Anspannen und blitzartiges Entspannen der Muskulatur kann man innerhalb kürzester Zeit in einen angenehmen Relax-Zustand kommen. Doch die Progressive Muskelrelaxation kann noch mehr: Sie hilft auch bei Prüfungsstress, allgemeiner Nervosität und sogar bei Schlafstörungen. Das Beste an PMR ist, dass man sie überall anwenden kann, ohne dass die Mitmenschen etwas davon merken: am Schreibtisch, in der U-Bahn, in der Warteschlange im Supermarkt. Und Sie können alle Muskelgruppen des Körpers damit bearbeiten.

Und so geht's: Spannen Sie einen oder auch mehrere Muskeln mit aller Kraft rund zehn Sekunden an und lassen dann abrupt los. Parallel dazu kurz die Luft anhalten und beim Entspannen des Muskels tief und intensiv durch den Mund ausatmen. Ideal ist es, wenn Sie nach der Entspannung einer Muskelgruppe eine kurze Pause machen und dann erst zur nächsten Körperpartie weitergehen. Üben Sie die Muskelentspannung am besten täglich, so können Sie sie in Stresssituationen ganz schnell und leicht abrufen.

1000 chinesische Trommelwirbel

Wenn Sie im Büro einen schnellen Energieschub brauchen, helfen die 1000 chinesischen Trommelwirbel. Setzen Sie dafür alle zehn Fingerspitzen rechts und links vom Scheitel an und massieren Sie die Kopfhaut in kreisenden Bewegungen. Trommeln Sie den Kopf dann sanft erst von vorn nach hinten und dann von oben zu den Seiten hin ab. Atmen Sie dabei tief durch die Nase ein und durch den geöffneten Mund intensiv wieder aus. Noch effektiver wird die Massage, wenn Sie zuvor einen Tropfen belebendes Rosmarin- oder Minzöl auf die Kopfhaut geben.

Die perfekte Welle

Unser Gehirn, so sagt uns die Wissenschaft, funkt normalerweise tagsüber auf der Beta-Welle mit Schwingungen zwischen 14 und 30 Hertz. Je mehr Stressoren vorhanden sind, desto höher ist die Frequenz. Einen Zustand meditativer Ruhe erreicht man auf der sogenannten Alpha-Ebene mit Schwingungen zwischen 7 und 13 Hertz. Dabei müssen die beiden Hirnhälften durch spezielle Konzentrationsübungen in Einklang gebracht werden, so dass sie in den gleichen Frequenzen schwingen. Gar nicht so einfach. Zen-Mönche erreichen diesen Zustand völliger Losgelöstheit und Ruhe, aber auch nur manchmal und erst durch jahrelange Meditationsübungen.

Wenn Sie zu den Menschen gehören, die nicht ins Kloster übersiedeln und trotzdem etwas gelassener werden wollen, können Sie dies mit folgender Übung schaffen: Legen oder setzen Sie sich ganz entspannt hin, schließen Sie die Augen und zählen Sie in Gedanken langsam rückwärts von zehn bis eins. Atmen Sie dabei tief durch die Nase ein und durch den geöffneten Mund aus. Sagen Sie zu sich selber: »Ich bin ganz ruhig, ich fühle mich warm und sicher«. Wenn Grübeleien auftauchen, sollten Sie sie mit einem weiteren langsamen Rückwärts- zählen von zehn bis eins verscheuchen. Wenn Sie genug haben, zählen Sie wieder von eins bis zehn. Recken und dehnen Sie sich dabei ruhig. Manche Menschen fühlen sich danach so wach und fit wie nach einem stundenlangen Schlaf.

Nur ein Viertelstündchen …

Eine weitere Möglichkeit, ganz schnell wieder fit zu werden, ist der Power-Nap. Albert Einstein verbrachte keinen Tag ohne dieses kurze mittägliche Nickerchen. Machen Sie es ihm doch einfach nach. Suchen Sie sich ein ruhiges Plätzchen für den Kurzschlaf – das kann auch ruhig die Tischplatte Ihres Schreibtisches sein. Dösen Sie aber nie län- ger als 20 Minuten, sonst fällt der Körper in die Tiefschlafphase und Sie fühlen sich anschließend unausgeschlafen und gereizt.

Mein Extratipp:
Kieseltreten in der Mittagspause

In vielen japanischen Firmen gibt es für die Angestellten in der Mittagspause einen Kieselsteinpfad, auf dem sie barfuß entlang- laufen können. Durch die Aktivierung der Fußreflexzonen sollen Blockaden im Körper gelöst und die Konzentrationsfähigkeit gesteigert werden. Einen ähnlichen Effekt können Sie mit einem Igelball aus Kunststoff erzielen, den es in Apotheken und Sani- tätsfachgeschäften gibt. Rollen Sie den Ball einfach mit Ihren nackten Fußsohlen fünf Minuten hin und her, zunächst in langen Bewegungen, dann in kleinen Kreisen.

Grounding

Unsere Füße sind sensible, leider oft vernachlässigte Wahrnehmungs-organe. Kein Wunder, dass wir manchmal das Gefühl haben, dass uns in stressigen Zeiten buchstäblich der Boden unter den Füßen weggezo-gen wird. Wir spüren keinen Halt, keine Bodenhaftung mehr. Hier kann die sogenannte Grounding-Methode helfen. So funktioniert's: Stellen Sie sich barfuß oder auf Socken mit hüftbreit gespreizten Beinen hin und lassen Sie die Arme locker hängen. Die ganze Fußsohle sollte sicher und fest auf dem Boden stehen. Denken Sie sich dann, dass Sie ein imaginärer Faden am Kopf sanft in Richtung Decke zieht. Ihr Körper – unten fest am Boden »verankert« – »wächst« so unauf-haltsam wie eine Pflanze nach oben. Bleiben Sie zwei, drei Minuten so stehen und genießen Sie das intensive Gefühl von Größe, Stärke und aufrechtem Stehen. Wichtig: Atmen Sie bei der Übung tief durch die Nase ein und durch den geöffneten Mund wieder aus.

Mein Extratipp:
Murmelmassage für die Hände

Eine Massage mit Murmeln sorgt für Entspannung und ist zudem ein echter Handschmeichler. Nehmen Sie dazu zwei Glasmurmeln und rollen Sie sie zunächst gleichmäßig zwischen den Händen, um ein Gefühl dafür zu bekommen. Versuchen Sie dann, die Murmeln zwischen den einzelnen Fingerspitzen hin- und herzubewegen. Das ist schon schwieri-ger und schärft die Konzentrationsfähigkeit. Zum Schluss nehmen Sie eine Murmel zwischen Daumen und Zeigefinger und lassen sie zwischen den beiden Fingern langsam kreisen.

TrophoTraining

Mit dieser einfachen, aber genialen Entspannungsmethode kann man innerhalb einer Minute wieder neue Energien tanken. Außerdem lassen sich die Übungen wirklich überall unbemerkt von der Umwelt durchführen, egal, ob am Schreibtisch oder in der U-Bahn. Durch seine sofort beruhigende Wirkung hilft das TrophoTraining auch in akuten Stresssituationen oder Krisen. Erfunden wurde es von dem Neurologen und Psychotherapeuten Jakob Derbolowsky.

Der Name dieses Trainings leitet sich ab vom sogenannten trophotropen Zustand des Organismus. Das ist eine Situation, in der ein Mensch sich aus seinem Inneren heraus ausgleicht und Energiereserven aufbaut – beispielsweise im Schlaf. Das TrophoTraining soll helfen, Energiereserven und Kraftquellen auch während des Tages zu aktivieren.

Hier zeige ich Ihnen zwei einfache Übungen zum Ausprobieren (beim TrophoTraining reicht es übrigens aus, dreimal täglich eine Minute zu üben).

Atemübung

Egal, ob Sie zum Beispiel gerade zuhause auf dem Teppich liegen oder im Park spazieren gehen: Versuchen Sie sich einfach auf Ihre Atmung zu konzentrieren. Achten Sie mal während drei Atemzügen nur darauf, wie die Luft in Ihren Körper einströmt und wieder herausfindet. Stellen Sie sich dabei vor, wie der langsame Strom des Ausatmens alles mit sich fortnimmt, was Sie belastet, ärgert, kränkt oder ängstigt. Wenn der neue Atem einströmt, machen Sie sich bewusst, dass mit dem Einatmen neue Energie in Form von Sauerstoff aufgenommen und an alle Zellen wie eine Gratiserfrischung verteilt wird. Dieser Kick belebt Ihren ganzen Körper.

Balance-Übung

Stellen Sie sich eine Waage mit zwei Schalen vor, wie Sie sie vom Wochenmarkt kennen. Auf der einen Seite befindet sich Ihr ganzes Ich, also alles, was Sie sind und was zu Ihnen gehört. Auf der anderen Seite der Waagschale liegt, was Sie belastet: Stress, Ärger, Sorgen, die von außen an Sie herangetragen werden, und auch alle Menschen, die etwas von Ihnen fordern. Stellen Sie sich diese beiden Waagschalen nun innerlich im Gleichgewicht, in einer ausgewogenen Balance, vor. Sagen Sie sich dabei, dass beide Seiten gleich (ge)wichtig sind – keine ist wichtiger oder weniger wichtig als die andere.

Schöne Augen-Blicke

Auch Augen können Stress haben. Wer den ganzen Tag auf den Bildschirm starrt, bekommt abends die Quittung: Rötungen und Schwellungen der empfindlichen Augenpartie. Dagegen hilft das sogenannte Palmieren. Legen Sie dazu die gewölbten Handflächen über die geschlossenen Augen. Die Finger sollten sich an der Stirn kreuzen. Warten Sie einige Sekunden, öffnen Sie dann die Augen und schauen Sie einige Minuten in die Dunkelheit. Schließen Sie dann die Augen wieder, nehmen Sie langsam die Hände weg. Dann die Augen ganz langsam öffnen, damit Sie sich wieder an die Helligkeit gewöhnen.

Glücksreise zu gewinnen

Unser Gehirn ist zwar ein kleines Wunderwerk, lässt sich aber austricksen. Eine kleine Phantasiereise an einen Ort, wo Sie sich geborgen und glücklich fühlen, kann daher ein echter Wohlfühl-Kick sein und Body & Soul wieder in Einklang bringen. Setzen oder legen Sie sich dafür bequem hin und schließen Sie die Augen. Atmen Sie tief durch die Nase ein und durch den Mund wieder aus. Versuchen Sie, Ihren Atem zu spüren und ihn auf seinem Weg bis tief in den Bauch und wieder zurück zu verfolgen. Stellen Sie sich dann vor Ihrem geistigen Auge einen Ort vor, am dem Sie sich rundum wohl fühlen. Das kann ein einsamer Strand mit türkisblauem Wasser in der Karibik sein oder das romantische, alte Bauernhaus in der Provence, wo Sie einen wunderschönen Urlaub verbracht haben. Versuchen Sie sich vorzustellen, wie sich die Wärme auf der Haut anfühlt, lauschen Sie dem Rauschen der auslaufenden Wellen am Ufer oder dem Knarzen der Holzdielen, riechen Sie den Lavendelduft im sommerlichen Garten. Kurzum: Versuchen Sie sich mit allen Sinnen auf den jeweiligen Ort einzustellen, saugen Sie die Emotionen in sich auf, lassen Sie Ihrer Phantasie freien Lauf. Vermutlich werden Sie spüren, wie der Herzschlag ruhiger und die Atmung tiefer werden. Nach und nach stellt sich ein wohliges Entspannungsgefühl ein. Wenn Sie von Ihrer Reise genug haben, sollten Sie sich langsam von Ihrem Wohlfühlort verabschieden. Zählen Sie in Gedanken von zehn bis null zurück und öffnen Sie allmählich die Augen.

Mein Extratipp:
Anti-Stress-Shake mit Mango und Banane

Wenn Sie geistig intensiv arbeiten müssen, brauchen die Hirnzellen Nahrung, um neue Energie zu produzieren. Mixen Sie sich einen Eiweiß-Power-Shake, der blitzschnell für Energie sorgt. Sie brauchen dafür einen halben Liter fettarme Milch, eine kleine Banane und eine halbe Mango. Pürieren Sie alle Zutaten und geben Sie einen Spritzer frischen Zitronensaft dazu. Das Milcheiweiß wirkt wie Zelltreibstoff, die Banane sorgt für gute Laune und die Mango enthält viel Vitamin A – das stärkt das Immunsystem.

Cheese please!

Lächeln ist die einfachste, preiswerteste und schnellste Methode zum Entspannen. Auch ein herzliches, lautes Lachen kurbelt die Produktion von körpereigenen Anti-Stress-Hormonen, den sogenannten Endorphinen, an. Diese Glücksboten entspannen die Muskulatur, Rücken- und Nackenprobleme werden gemildert, und selbst die Gesichtszüge erscheinen weicher und damit schöner.

Interview mit Susanne Preiss, Qigong-Trainerin und Entspannungsexpertin, Hamburg

Guter Stress, schlechter Stress – gibt es diesen Unterschied wirklich?

Die Einstellung, mit der Menschen ihren Job machen, ist der Dreh- und Angelpunkt. Man muss Druck als stimulierend, nicht als belastend empfinden, und man muss schnell abschalten lernen. Dann wirkt Stress anregend und nicht ungesund. Denn nicht die Spannung an sich ist schlecht, sondern die Spannung ohne Entspannung. Ob ich den Druck als stimulierend empfinde, hat häufig damit zu tun, ob die Aufgabe als machbar erscheint.

Manchmal aber werden es einfach zu viele Aufgaben. Dann fühlt man sich wie ein Jongleur, der zu viele Bälle in der Luft halten muss und sie nicht mehr unter Kontrolle hat – man wird leicht hektisch, verliert den Überblick. Und schon kann eine Aufgabe, die man unter normalen Umständen gut bewältigen könnte, einen enormen Druck auf einen ausüben und zu negativem Stress führen.

Was macht Stress mit unserem Körper?

In einer Studie mit 12 000 Arbeitnehmern litten 85 Prozent an vegetativen Störungen, von anderen Beschwerden ganz zu schweigen. Bewegungsmangel zehrte an ihrem Körper, falsche Ernährung machte sie krank. Bittere Lehre: Wer nicht strikt auf Gesundheit und Leistungskraft achtet, bringt seine Karriere, womöglich sogar sein Leben in Gefahr. Andere Auswirkungen von Stress sind innere Unruhe, Nervosität, Gereiztheit und Aggressivität. Aber auch Magen- und Rückenschmerzen, Bluthochdruck, Schlaflosigkeit, Verdauungsstörungen, Allergien und Unfruchtbarkeit gehen auf das Konto von Stress. Und: Stress kann auf Dauer zu schweren Depressionen führen.

Wie erklären Sie sich den allgemeinen Trend zu Entschleunigung, Entspannung, Cocooning und so weiter?

Im Stau stehen, pünktlich am Flughafen sein, unerledigte Aufgaben, Telefonanrufe – unter Arbeitnehmern gehört die ungesunde Anspannung fast schon zum guten Ton. Gleichzeitig haben im Arbeitsalltag die Ruhephasen abgenommen, weil die Erreichbarkeit zugenommen hat. Die Kommunikationstechnik macht Unterbrechungen jederzeit möglich. Die Zug- oder Autofahrt, früher Hort des Alleinseins, in dem man seinen Gedanken nachhängen konnte, ist zu einem Kampf gegen Funklöcher geworden. Das Business ist wie ein Autorennen: Man kann nur Fahrer oder Zuschauer sein. Wer mitfahren will, darf nicht ständig bremsen. In den Firmen führen Um- oder Restrukturierungsmaßnahmen dazu, dass Arbeitsplätze unsicher werden. Immer weniger Menschen müssen die gleiche Menge Arbeit wie bisher erledigen. Die Arbeits- und Leistungsdichte steigt. Selbst der Rauswurf gewinnt an Tempo: In London wurde Mitarbeitern einer Investment-Gruppe sogar per SMS gekündigt.

Schon die Kleinsten stehen heute unter Stress. Vier von fünf Kindern fühlen sich unter Zeitdruck – das hat eine Umfrage des Lego Learning Institute in Deutschland und anderen Industrienationen ergeben. In Japan gibt es sogar ein Wort für den totalen Burn-Out: »Karoshi«. Das bedeutet »Tod durch Überarbeitung«. Inzwischen fleht die Regierung ihre Bürger deshalb regelrecht an, sich mehr Zeit zu nehmen. Die Kampagne heißt »Suro raifu« – »Langsames Leben«. Nach amtlichen Berechnungen würde die krisengeschüttelte Wirtschaft Milliarden sparen, wenn die Leute ihren ohnehin kurzen Jahresurlaub von 18 Tagen voll in Anspruch nähmen und dann ausgeruht weniger Fehler machten.

Warum haben Sie sich gerade für Qigong als Entspannungsmethode entschieden? Was macht die Technik so besonders?
Ein Workshop-Teilnehmer, Unternehmensberater übrigens, hat das neulich sehr schön auf einen den Punkt gebracht: »Qigong ist maximale Erholungsrendite pro aufgewendeter Zeit«. Man weiß heute aus der Erholungsforschung, dass der Körper sich dann optimal regeneriert, wenn – so wie bei Qigong – eine Kombination von Atmung, Bewegung und Entspannung stattfindet. Fast einzigartig ist die Kombination von Muskeltraining, meditativer Entspannung und Beweglichkeitsübungen des authentischen Qigong.

Praktizierende berichten von einer erheblich verbesserten gesundheitlichen Konstitution mit geringerer Anfälligkeit für Infektionskrankheiten. Sie erleben sich energiegeladen und frisch, ihre Grundstimmung ist positiver geworden. Nicht zuletzt aus dem Empfinden heraus, etwas für sich tun zu können, ein »Werkzeug« zu besitzen, können sie mit Stresssituationen besser umgehen. Kurz: Sie entwickeln ein ganz neues Körpergefühl.

> *Welchen Rat geben Sie einem Menschen, der spürt, dass er kurz vor dem Burn-out steht?*
> Wenn du gefragt wirst, wie es dir geht, versuche weder zu lamentieren noch zu lügen. Sage einfach, dein Leben ist gerade anstrengend und intensiv. Das wird deine Wahrnehmung verändern. Oder: Erlebe einmal am Tag Stille. Setz dich in eine Kirche oder an einen Weiher, selbst wenn es nur zehn Minuten sind. Oder verlasse dein Büro früher und mache auf dem Heimweg einen Spaziergang.

Hübsch langsam bitte: Wie Sie Ihr Leben entschleunigen und entrümpeln

Ich bin in der absolut phantastischen Lage, meinen Traumberuf gefunden zu haben, der mich wirklich glücklich macht und ausfüllt. Ich glaube, allein diese Tatsache ist schon ein wichtiger Schritt in Sachen Entschleunigung, weil mir der meiste Stress im Job eben positiv vorkommt. Aber natürlich gibt es auch im Sender Tage, an denen es drunter und drüber geht, gar nichts klappen will und man sich fragt, ob man nicht besser im Bett geblieben wäre. Da meine Tür normalerweise immer offen ist, muss ich meine Arbeit oft unterbrechen, wenn jemand hereinkommt und etwas mit mir besprechen möchte. Falls ich wirklich mal eine Stunde für mich brauche, gehe ich an die frische Luft und mache einen kleinen Spaziergang. Da stört mich garantiert niemand (außer, wenn es sehr dringend ist), und ich tanke in der Natur im Blitztempo auf.

Dennoch gibt es wohl in jedem Beruf und auch im Privatleben Energievampire und Zeitkiller, die manchmal von außen kommen, die man häufig aber auch selber generiert. Dagegen helfen Tipps und Tricks, mit denen man diesen Nervensägen die rote Karte zeigt.

Das Wort Nein

Das Telefon klingelt Sturm, der Kunde muss jetzt dringend etwas mit Ihnen besprechen, oder die Kollegin muss Ihnen noch ganz schnell etwas sehr Wichtiges erzählen. Kennen Sie diese Momente, die einem fast den Atem rauben? Deshalb: Entschleunigen Sie Ihr Leben und lassen Sie sich weniger fremdbestimmen. Sie ganz alleine entscheiden, wann Ihnen jemand etwas von Ihrer Lebenszeit rauben darf und wann nicht. Ein freundliches »Jetzt nicht« oder »Später« muss jeder akzeptieren. Auch wichtige Gesprächspartner müssen es akzeptieren, wenn Sie gerade keine Zeit haben, dafür aber einen Termin für einen Rückruf anbieten. Den müssen Sie dann allerdings unbedingt einhalten.

Ein bisschen Chaos fördert die Kreativität

Ein blitzsauber aufgeräumter Schreibtisch mag zwar Ausdruck von Ordnung sein, verhindert jedoch manchmal auch die Kreativität. Wenn man nicht alle Dinge, mit denen man sich beschäftigt hat, gleich wegräumt, kann man die Arbeit nach einer Unterbrechung wesentlich leichter wieder aufnehmen. Stellen Sie sich das etwa wie eine Fährte vor, die bereits gelegt ist und nicht wieder neu gesucht werden muss. Deshalb: Kreatives Chaos ist gefragt. Damit sind allerdings keine wahllosen Zettelberge auf dem Schreibtisch gemeint.

Die Sofort-Falle

Sicher kennen Sie das auch: Sie rufen irgendwo an und möchten jemand dringend an den Hörer bekommen, und zwar sofort. Nun ist derjenige gerade in einem Meeting, und Sie hinterlassen die Nachricht, dass er sich bitte bei seiner Rückkehr sofort bei Ihnen melden soll. Denken Sie dann mal kurz darüber nach, wie es Ihnen im umgekehrten Fall oft geht, wenn jemand sofort etwas von Ihnen möchte. Entscheiden Sie daher von Fall zu Fall, wie dringlich eine Sache wirklich ist, und signalisieren Sie das auch – das entspannt Ihr Gegenüber ungemein. Bitten Sie also zum Beispiel um Rückruf, wenn Ihr Gesprächspartner nach dem Meeting ein wenig Luft hat.

Arbeiten nach dem Bio-Rhythmus

Man ist nicht immer gleich leistungsfähig. Es macht daher wenig Sinn, bestimmte Arbeiten genau dann zu erledigen, wenn der Körper am wenigsten dazu in der Lage ist. Zwischen 7 und 9 Uhr morgens läuft unser Gehirn so langsam warm, die absolute Top-Arbeitsphase erreichen wir allerdings erst zwischen 10 und 12 Uhr. Erledigen Sie daher Arbeiten, die sehr viel Konzentration und Aufmerksamkeit erfordern, am besten in diesem Zeitraum. Zwischen 12 und 15 Uhr, also nach dem Mittagessen, würden viele Menschen am liebsten eine Siesta einlegen. Denn in dieser Zeit ist der Körper besonders träge. Versuchen Sie Routinearbeiten wie das Beantworten von Mails, das Durchsehen der Post oder Telefonate in diese Zeit zu legen. Ab 15 Uhr beginnt dann die zweite Hochphase des Körpers. Jetzt können Sie sich wieder kniffligen Aufgaben widmen oder aufmerksam an Meetings teilnehmen. Diese Phase hält bis etwa 19 Uhr an. Wenn Sie sich danach noch fit fühlen, können Sie natürlich weiterarbeiten.

Das Alles-oder-nichts-Prinzip

Es gibt Tage, da geht alles leicht von der Hand – ich schreibe meine Moderationstexte in einem Rutsch und irgendwie scheint alles im Fluss. Und dann gibt es diese Tage, an denen ich selbst für eine E-Mail ewig brauche, der Computer spinnt und das Telefon mich nicht zum klaren Denken kommen lässt. An solchen Tagen hilft es, möglichst nach dem Alles-oder-nichts-Prinzip vorzugehen. Wenn mir ein Text so gar nicht gelingen will, mache ich den Computer einfach aus, versuche es am Nachmittag noch einmal und plane ihn notfalls für den nächsten Tag ein. Manchmal bin ich erstaunt, dass das, womit ich mich am Vortag noch so gequält habe, dann plötzlich ganz leicht von der Hand geht.

Arbeit bündeln

Versuchen Sie E-Mails, Telefonate und Post möglichst in einem Rutsch zu erledigen und nicht häppchenweise. Gewöhnen Sie sich gar nicht erst an, alle 20 Minuten in Ihr E-Mail-Postfach zu gucken. Zweimal am Tag reicht völlig aus, es entspricht der Netiquette, wenn Sie am selben Tag auf eine Mail reagieren und nicht innerhalb von fünf Minuten.

Brot und Spiele

Nach einem anstrengenden Tag greifen Sie gerne zur Fernbedienung, zappen sich durch das Programm, bleiben mal hier und mal dort hängen? Am Ende haben Sie zwei Stunden vergeudet und gehen mit einem riesengroßen Frustgefühl ins Bett. Durchbrechen Sie doch einfach mal dieses Ritual, greifen Sie zu einem Buch, das sie schon länger lesen wollten, stöbern Sie im Stadtmagazin nach Veranstaltungen, die Sie interessieren, oder veranstalten Sie einfach mal wieder einen Spieleabend. Egal, ob mit der ganzen Familie, mit dem Partner oder in einer größeren Freundesrunde: Spielen macht Spaß, entspannt und bringt die grauen Zellen auf Hochtouren.

Nerviges anpacken

Es gibt Arbeiten, die stehen vor einem wie der Mount Everest, nämlich scheinbar unbezwingbar. Um die drückt man sich gerne, das kenne ich nur zu gut. Das Erstaunliche ist jedoch, dass sie plötzlich weniger gewaltig erscheinen, wenn man erst mal ein paar Schritte Richtung Gipfel getan hat. Deshalb: Schieben Sie der Aufschieberitis den Riegel vor. Wer schwierige Dinge gleich erledigt, quält sich nicht über Tage oder Wochen mit einem schlechten Gewissen und hat mehr Zeit für die schönen Dinge des Lebens.

Mein Extratipp: Ich gehe, also denk ich ...

Der griechische Philosoph Aristoteles ging beim Arbeiten stets umher, so konnte er besonders gut nachdenken. Hirnforscher wissen heute, dass die grauen Zellen in Bewegung wirklich zu besonderen Höchstleistungen fähig sind. Vielen Menschen fallen beispielsweise beim Spazierengehen oder beim Joggen die genialsten Dinge ein. Ihnen vielleicht auch? Achten Sie deshalb darauf, dass Ihr Büro genug Platz bietet, um darin auf und ab zu gehen. Falls das nicht möglich ist: Ein Spaziergang auf dem Büroflur eignet sich ebenfalls für Geistesblitze.

Rituale schaffen Geborgenheit

Manchmal ist das Leben eine Achterbahn; ein gewisses Auf und Ab macht es ja auch erst spannend. Doch auch Beständigkeit ist wichtig, damit man sich geborgen und ausgeglichen fühlt. Dafür sorgen Rituale. Die meisten Kinder lernen sie schon früh kennen, sie schaffen Nestwärme und Vertrauen. Der Gute-Nacht-Kuss der Eltern, der Kakao am Morgen aus der geliebten Winnie-Pooh-Tasse sind Rituale, die später im Leben etwa durch das gemeinsame Sonntagsfrühstück oder die Tasse Tee am Morgen abgelöst werden. Rituale sind etwas, das uns im Alltag »heilig« ist, selbst wenn es anderen banal erscheinen mag. Schaffen Sie sich solche Inseln der Behaglichkeit.

Frei-Räume zurückerobern

Schade, wenn die Wohnung mit Dingen vollgestopft ist, die den Energiefluss behindern. Entrümpeln Sie deshalb mal gründlich. Am einfachsten geht das nach der Dreier-Methode. Räumen Sie das jeweilige Objekt erst einmal komplett aus und putzen Sie es gründlich. Dann überlegen Sie bei jedem Gegenstand, ob Ihr Herz daran hängt, ob er auf den Müll gehört oder ob Sie noch unentschlossen sind. Die »Vielleicht«-Gegenstände räumen Sie in eine Kiste. Wenn Sie nach drei Monaten nichts davon vermisst haben: Ab damit zum Wertstoffhof oder Altkleidercontainer.

Leben mit allen Sinnen

In stressigen Zeiten hetzt man durchs Leben, ohne auf die kleinen, aber kostbaren Details zu achten. Versuchen Sie gerade dann, sich am

Morgen und am Abend jeweils eine halbe Stunde frei zu halten, die Sie bewusst mit allen Sinnen genießen. Konzentrieren Sie sich beispielsweise auf Ihr Frühstück und legen Sie die Zeitung beiseite. Wie riecht das frische Brötchen, in das Sie gerade beißen? Wie schmeckt die Erdbeere auf Ihrem Joghurt? Wie duftet der frisch gepresste Orangensaft?

Abschied vom Perfektionismus: Das Pareto-Prinzip

Viele Menschen sind geradezu getrieben vom Streben nach Perfektion. Der italienische Ökonom Vilfredo Pareto stellte schon im letzten Jahrhundert eine Formel auf, die Ihnen heute noch das Leben erleichtern kann. Sein Credo: Mit 20 Prozent von dem, was man tut, kann man immerhin 80 Prozent Ergebnis erzielen. Lesen Sie beispielsweise morgens in der Tageszeitung die 20 Prozent, die Sie wirklich interessieren, sind Sie zu 80 Prozent informiert. 20 Prozent der sozialen Beziehungen sind wirklich wichtig – und bedeuten für Sie 80 Prozent Ihrer Lebensfreunde. Probieren Sie doch einfach mal, nach der Pareto-Formel zu leben.

Herunterschalten

Die Bluse bis auf die kleinste Falte gebügelt, die Wohnung immer aufgeräumt, und wenn Sie Gäste einladen, muss es mindestens ein Drei-Gänge-Menü sein? Schalten Sie doch einfach mal einen Gang runter und seien sie liebevoller mit sich selbst. Sie sind auch ohne perfektes Outfit und Sterne-Kochkünste ein wundervoller Mensch. Echte Freunde wissen das und freuen sich in erster Linie auf einen schönen Abend mit Ihnen – in hektischen Zeiten auch gerne mal in Uralt-Jeans, mit Zeitungsstapeln im Wohnzimmer und einer Pizza vom Lieferservice.

Heute gehört der Tag mir

Leider komme ich viel zu selten dazu, mich in Sachen Beauty, Wellness und Relaxing in echte Profihände zu begeben. Ehrlich gesagt, liegt mein letzter Besuch bei der Kosmetikerin Jahre zurück. Der einzige Luxus, den ich mir bei einem Dreh irgendwo auf dieser Welt gönne, ist eine Massage im Hotel. Danach könnte ich süchtig werden. Ich probiere auch gerne neue exotische Streicheleinheiten aus. Wunderbar fand ich beispielsweise die LaStone-Therapie, bei der man mit warmen und kühlen Steinen massiert wird. Interessant war auch die Erfahrung einer Lomi-Lomi-Massage, bei der die beiden Therapeutinnen richtig ins Schwitzen kamen, weil sie mich mit vollem Körpereinsatz bearbeiteten. Sehr gerne mag ich auch Bewegung im Wasser – man fühlt sich dort so herrlich leicht. Auch meine Kinder lieben das nasse Element. Früher hatte man im Schönheitsinstitut die Wahl zwischen klassischer Gesichtsbehandlung, schwedischer Massage und Wimpernfärben. Das hat sich gewaltig geändert. Das Angebot von modernen Day Spas, Wellness-Centern und Beauty-Lounges gleicht einer entspannenden Reise rund um die Welt: von der indischen Ayurveda-Behandlung über die bereits erwähnte Lomi-Lomi-Massage aus Hawaii bis hin zum arabischen Rassoul-Bad kann man sich in Sachen Schönheit als echte Kosmopolitin fühlen. Ich habe Ihnen einmal einen kleinen Überblick der besten und effektivsten Treatments zusammengestellt, die Body & Soul gleichermaßen in Balance bringen.

Abtauchen, bitte: Aqua-Balancing

In den Pool steigen und sich einfach fallen lassen. In den Händen eines Therapeuten (Water-Balancer) wird man sanft geschaukelt, gedreht, bewegt, gestretcht und massiert. Dazu gibt's Klänge unter Wasser, entspannende Düfte und an der Decke Videobilder von Walen und Delphinen, die genauso schwerelos durchs Wasser gleiten wie man selbst. Herrlich!

Die schöne Leichtigkeit des Seins: Liquid Sound

Das ist ein wahrer Relax-Rausch aus Wasser, Farbe und Musik. Man liegt in einem flachen, mindestens 34 Grad warmen Pool mit Unterwasserstrahlern, die in verschiedenen Farben leuchten. Schaumstoff-Schwimmhilfen und ein Salzgehalt von 1,5 Prozent sorgen dabei für die herrliche Leichtigkeit des Seins. Der Hinterkopf einschließlich der Ohren liegt unter Wasser. Über ein Beschallungssystem kann man sich von klassischen oder afrikanischen Klängen verwöhnen lassen oder lauscht den beruhigenden Gesängen von Walen und Delphinen.

Völlige Stille: Samadhi-Tank

Wenn Sie sich lieber ohne Klänge entspannen, wäre diese Relax-Methode, die auch als Floating bekannt ist, etwas für Sie. Man liegt dabei in einer geschlossenen Kapsel, die etwa so groß wie eine Badewanne und mit körperwarmem, sehr salzhaltigem Wasser gefüllt ist. Innen ist es vollkommen dunkel, auch Geräusche von außen können die Wände nicht durchdringen. Eine Stunde lang dümpelt man in dem Tank vor sich hin, kann sich ganz seinen Gedanken und Träumen hingeben. Danach wird man mit sanfter Entspannungsmusik wieder in die Wirklichkeit zurückgeholt.
Wichtig: Der Samadhi-Tank ist nichts für Menschen, die sich in vollkommener Dunkelheit oder sehr engen Räumen fürchten.

Power der Ozeane: Thalasso

Prominente wie Karl Lagerfeld, Cathérine Deneuve oder Sharon Stone schwören auf die Schönheit aus dem Wasser: Thalasso. Das Wort stammt vom griechischen *thalassa* ab und bedeutet »Meer«. Begründet wurde diese Wellness-Methode vor über hundert Jahren in der Bretagne. Der französische Arzt Louis Bagot entdeckte, dass man mit den Kräften des Atlantiks Gelenkschmerzen und Rheuma erstaunlich gut lindern konnte. Heute weiß man, dass das Meer noch mehr kann: Es hilft beim Abnehmen, entspannt, stärkt das Immunsystem und verschönert die Haut. Selbst Menschen mit langwierigen und schwer behandelbaren Hauterkrankungen wie Neurodermitis oder Schuppenflechte merken oft, wie sich ihr Hautbild durch den Kontakt mit Meerwasser sichtlich bessert. Grund dafür ist der Nährstoffreichtum des Meeres. Die Ozeane stecken voller Mineralstoffe und Spurenelemente. Daher wirkt Meerwasser entzündungshemmend, regt den Stoffwechsel an und stärkt das Immunsystem.

In der Thalasso-Therapie kommen besonders Salz, Algen, Plankton, Schlamm, aber auch Kaviar zum Einsatz. In Form von Bädern, Wickeln, Masken und Cremes sollen deren Wirkstoffe die Haut zart machen und straffen, Fettpölsterchen abbauen, die Durchblutung anregen und Giftstoffe aus dem Körper schleusen. Hinzu kommt, dass wir uns vom Element Wasser grundsätzlich angezogen fühlen. Bereits der Embryo schaukelt sanft im warmen Fruchtwasser; Babys lieben das nasse Element und tauchen ohne Angst unter. Einen Sprung ins Meer oder das Dümpeln in der Badewanne empfinden die meisten Menschen als angenehm und entspannend.

Wichtig: Thalasso arbeitet mit frischen Wirkstoffen. Behandlungen sollten deshalb direkt am Meer stattfinden und nicht in Castrop-Rauxel oder Berlin – obwohl Thalasso auch dort angeboten wird.

Alles im Fluss: Shirodhara

Für Gwyneth Paltrow ist dies »die schönste Entspannung der Welt«. Shirodhara gehört zu den typischen Treatments im Ayurveda, der jahrtausendealten indischen Heillehre. Etwa zwanzig Minuten lang rinnt hier angenehm temperiertes Öl in einem dünnen Strahl über die Stirn. Das soll entspannen und den ganzen Körper, besonders auch das Nervensystem, regenerieren und Blockaden lösen. In Deutschland wird dafür meist reines Sesamöl verwendet, im klassischen Ayurveda sind immer verschiedene Kräuterextrakte zugesetzt.

Mein Extra-Tipp:
Schmeicheleinheiten mit der LaStone-Therapie

Ob Sharon Stone sie vielleicht wegen des Namens anwendet, bleibt ein Geheimnis, aber Topmodel Naomi Campbell gönnt sich alle zwei Wochen eine. Nach einer Vorbehandlung mit Aromaölen werden 50 Grad warme schwarze Basaltsteine auf die Energiezentren des Körpers gelegt. Mit diesen Handschmeichlern wird der Körper dann auch sanft massiert. Auf Bereiche, die anfällig für Verletzungen, Entzündungen oder Irritationen sind, werden gekühlte weiße Marmorsteine aufgelegt.

Sanfte Schwingungen: Klangmassage

Diese rund 5000 Jahre alte Massageform aus Indien soll Körper, Geist und Seele wieder in Einklang bringen. Eine oder mehrere Klangschalen aus Metall werden auf den Körper aufgelegt, mit einem Klöppel angeschlagen und so zum Schwingen gebracht. Die Klänge breiten sich über die Reflexzonen im ganzen Körper aus, sollen so Verspannungen und Blockaden lösen und Selbstheilungskräfte aktivieren.

Tolle Entfaltungsmöglichkeit: Facial Harmony

Knitterfältchen durch zu viel Stress und Hektik? Müde und fahl wirkende Haut? Zeit für Facial Harmony. Dahinter stecken sanfte Berührungen mit den Fingerspitzen entlang den Meridianen (Energiebahnen) und Muskeln des Gesichts. Das entspannt die Mimik, hilft gegen Verspannungen an Hals und Nacken und strahlt durch den gesamten Körper bis zu den Füßen aus. Bei Facial Harmony wird zunächst die eine, dann die andere Kopfhälfte bearbeitet. Mit einer kurzen Fußmassage kommt man anschließend auf die sanfte Tour wieder in den Alltag zurück.

Yin und Yang in Balance: Tuina

Diese Massage gehört zur Traditionellen Chinesischen Medizin (TCM). Das Wort Tuina setzt sich zusammen aus den Wörtern »tui« (schieben, drücken) und »na« (greifen, ziehen). Dabei werden sowohl die Energiebahnen (Meridiane) des Körpers als auch einzelne Organe und das Bindegewebe bearbeitet. Bei Tuina ist viel Handarbeit angesagt: Es wird geknetet, geklopft, gestrichen und teilweise punktuell starker Druck ausgeübt. Zusätzlich werden die Gelenke durch einfache chiropraktische Griffe gelockert. Ziel ist es, das Gleichgewicht von Yin und Yang wiederherzustellen. Etwas gewöhnungsbedürftig: Tuina wird – im Gegensatz zu anderen Massagen – am bekleideten Körper durchgeführt.

Schlafen Sie gut

Mein bestes Rezept für Entspannung ist Schlaf. Ich bin in der glücklichen Lage, ziemlich gut schlafen zu können, egal, ob zuhause, im Hotel oder über den Wolken im Flieger. Schlaf ist mein Beauty-Elixier Nr. 1. Habe ich eine Zeitlang zu wenig davon, fühle ich mich gestresst, kann mich weniger gut konzentrieren und sehe müde aus. Meine Töchter gehen übrigens ganz gerne zu Bett, weil sie sich immer auf eine Geschichte freuen können, die ich ihnen vorlese oder mir selbst ausdenke. Solche Rituale sind wichtig, sie schaffen Geborgenheit.

Wenn ich selbst wirklich mal nicht einschlafen kann, nehme ich keine Schlaftabletten, sondern setze auf Natur: Das Glas warme Milch mit Honig wirkt tatsächlich. Toll ist auch ein ayurvedischer Abendtee, den es fix und fertig im Beutel gibt, oder eine beruhigende Mischung aus Lindenblüte, Kamille, Passionswurzel, Ingwer, Kardamom und Zimt.

Wenn das Sandmännchen sich rarmacht …

Stundenlanges Hin- und Herwälzen im Bett? Putzmunter mitten in der Nacht? So geht es, laut Schätzungen der Deutschen Gesellschaft für Schlafforschung und Schlafmedizin (DGSM), über 20 Millionen Deutschen. Doch Schäfchenzählen ist lästig und kann üble Folgen haben. So entstehen viele Unfälle auf deutschen Straßen durch Müdigkeit der Fahrer – nicht selten eine Folge von Schlafstörungen. Schlechter Schlaf schädigt zudem das Immunsystem und sorgt offenbar auch für frühes Altern. Forscher der Universität Chicago ließen junge Männer eine Zeitlang lang nur vier Stunden pro Nacht schlafen. Bereits nach wenigen Tagen traten deutliche Alterssymptome bei den Testkandidaten auf, etwa ein erhöhter Spiegel des Hormons Kortisol.

Die Ursachen für Schlafstörungen (Insomnien) sind vielfältig: Psychische Ursachen wie Ärger, Stress oder Depressionen können den Schlummer ebenso stören wie Alkohol, Kaffee, Nikotin oder bestimmte Medikamente, zum Beispiel Steroide gegen Schmerzen oder Asthma-Mittel.

Schlafen macht schön, das ist erwiesen. In den ersten Stunden nach dem Einschlafen wird das Wachstumshormon ausgeschüttet. Es ist wichtig, damit sich die Hautzellen erneuern können, und spielt auch beim Fettabbau eine wichtige Rolle. Um ungefähr zwei Uhr nachts wird dann die Zirbeldrüse aktiv. Sie gibt das Hormon Melatonin ab, das unter anderem unseren Schlaf-Wach-Rhythmus steuert. Melatonin wird jedoch nur ausgeschüttet, wenn es dunkel ist. Wer sich also die Nacht in einer hellen Bar oder im Büro um die Ohren haut, bringt unweigerlich seine Hormonproduktion und damit seinen Körperrhythmus durcheinander.

Schlaf ist ein Zustand, bei dem wir uns nur wenig bewegen und die Umwelt kaum wahrnehmen. Doch das Gehirn schläft nie. Während wir schlummern, werden neue Informationen auf der »Festplatte« im Kopf gespeichert und andere, die nicht mehr benötigt werden oder gar unerwünscht sind, gelöscht. Im Schlaf ist die Atmung flacher, Herzschlag und Pulsfrequenz verringern sich, der Blutdruck und die Körpertemperatur sinken. Die Muskelspannung geht ebenfalls zurück, deshalb sehen schlafende Menschen häufig buchstäblich entspannt aus. Der Schlaf verläuft übrigens nach einem genauen Muster: Direkt nach dem Einschlafen sinkt man in den ersten, noch leichten Schlaf, den sogenannten REM-Schlaf, bei dem sich die Augen unter den Lidern rasch hin und her bewegen (REM = rapid eye movement). Darauf folgt die erste Tiefschlafphase, die sogenannte Non-REM-Phase. In diesem Rhythmus wechseln sich die Schlafphasen, die jeweils etwa 90 Minuten dauern, die ganze Nacht hindurch ab.

Nach rund eineinhalb Stunden wird der Schlaf also langsam wieder leichter, der Tiefschlaf geht in eine weitere REM-Phase über, das Gehirn wird wieder aktiver. Der REM-Schlaf gehört den Träumen, es gibt viel

Mein bestes Rezept für Entspannung ist Schlaf.

zu »sehen«. Einige Experten vermuten sogar einen Zusammenhang zwischen dem Tempo der Augenbewegungen und der Art der Traumbilder. Leider sind nicht alle Träume schön. Viele Menschen wachen nach Alpträumen schweißgebadet auf und können im ersten Moment kaum zwischen Wirklichkeit und Fiktion unterscheiden. Seelisch aufwühlende Träume, die häufig wiederkehren, können nach Ansicht von Wissenschaftlern auf ein psychologisches Problem hinweisen.

Ob man übrigens bereits abends um neun müde wird oder weit nach Mitternacht ins Bett geht, ist Vererbung. Es gibt Tagmenschen und es gibt Nachtmenschen, »Lerchen« und »Eulen«, an deren Schlaf-Wach-Rhythmus sich das gesamte Leben hindurch nichts Gravierendes ändert. Auch die benötigte Schlafdauer ist bei den meisten Menschen genetisch festgelegt. Jeder hundertste Mensch ist ein Kurzschläfer, der nach nur vier bis fünf Stunden Bettruhe wieder topfit ist. Nur rund ein Prozent der Bevölkerung hält es mit Albert Einstein und braucht zehn bis elf Stunden Schlaf. Die meisten Menschen fühlen sich nach sieben bis acht Stunden richtig ausgeruht. Ein reiner Mythos ist übrigens die Behauptung, dass der Schlaf vor Mitternacht der beste sei. Richtig ist hingegen, dass die ersten Stunden nach dem Einschlafen am erholsamsten sind, weil sie die intensivsten Tiefschlafphasen enthalten, egal, ob sie vor oder nach Mitternacht stattfinden.

Die weit verbreitete Ansicht, dass ältere Menschen weniger Schlaf benötigen, hat sich ebenfalls als falsch erwiesen. Richtig ist, dass im Alter die Fähigkeit abnimmt, durchgehend und lange zu schlafen. Schlafverluste können Menschen im Ruhestand jedoch dadurch kompensieren, dass sie auch tagsüber mal ein Nickerchen halten, wenn ihnen danach ist. Während der Anteil des Traumschlafs (REM-Phase) im Alter gleich bleibt, verkürzt sich der Tiefschlaf deutlich. In der Nacht wachen ältere Menschen deshalb sehr häufig auf, Experten sprechen von sogenannten Arousals. In Studien wurde nachgewiesen, dass bei Menschen über 60 Jahren nachts bis zu 150 Arousals auftreten können, junge Menschen weisen dagegen im Schnitt nur fünf Arousals pro Nacht auf. Störend auf den Schlaf können sich im Alter auch chronische Erkrankungen wie Asthma, Herzerkrankungen und Arthritis auswirken.

Wie man sich bettet ...
Die wichtigsten Grundregeln rund ums Bett

◆ Matratze: Sie sollte weder zu hart noch zu weich sein und muss dafür sorgen, dass die Wirbelsäule gerade bleibt. 90 bis 100 Zentimeter Breite pro Person sollten es schon sein, in der Länge sind 20 bis 40 Zentimeter über Körpergröße ideal. Nach spätestens zehn Jahren sollte eine Matratze erneuert werden, ein Futon schon nach fünf Jahren.

◆ Lattenrost: Unter eine Federkernmatratze gehört ein einfacher, unter Latex- und Schaumstoffmatratzen sowie Futons ein hochwertiger, flexibler Lattenrost mit verstellbaren Härtezonen.

◆ Oberbett: Wer im Bett häufig schwitzt, sollte zu leichten Naturfasern wie Wildseide, Baumwolle oder der Zellulosefaser Kapok greifen. Wer es gerne kuschelig warm hat, ist mit einer Daunendecke, Schafschurwolle oder Kamelhaar gut bedient. Allergiker sollten auf Kissen und Bettdecken aus Synthetik zurückgreifen. Wichtig: Ab 1,80 Meter Körpergröße ist eine überlange Decke (mindestens 2,10 Meter) wichtig, sonst riskiert man kalte Füße, die das Ein- und Durchschlafen stören können.

Schlafhilfen

Wer über längere Zeit schlecht schläft, kommt schnell in Versuchung, ein Schlafmittel einzunehmen. Am häufigsten werden diese Schlummerhilfen aus der Gruppe der sogenannten Benzodiazepine verordnet. Eine neuere Wirkstoffgruppe sind die sogenannten Non-Benzodiazepine, die ähnlich wirken, aber weniger Nebenwirkungen haben. Harmloser sind frei verkäufliche Antihistaminika, Medikamente gegen Allergien, die quasi als Nebenwirkung müde machen. Sie machen nicht süchtig, können aber dafür andere Folgen wie Mundtrockenheit, Verstopfung und Koordinationsstörungen nach sich ziehen. Empfehlenswerter sind natürliche Schlummerhilfen. Sie sind in normaler Dosierung unschädlich und bei leichteren Schlafstörungen sehr wirksam. Zu den besten Schlafkräutern gehören Baldrian, Hopfen, Melisse und Passionsblume, die oft in pflanzlichen Mitteln enthalten sind. Sind die Schlafstörungen an eine depressive Verstimmung oder eine Depression gekoppelt, kann Johanniskraut helfen. Und wie gesagt: Das gute alte Glas heiße Milch mit Honig wirkt tatsächlich. Der darin enthaltene Zucker regt im Gehirn die Produktion von Serotonin an, ein Stoff, der fürs Einschlafen wichtig ist.

Tipps zum erholsamen Schlummern

◆ Stehen Sie jeden Tag möglichst zur selben Zeit auf und gehen Sie nur schlafen, wenn Sie wirklich müde sind.

◆ Seien Sie hinsichtlich eines Nickerchens konsequent: Schlafen Sie nachmittags entweder regelmäßig oder gar nicht. Bei gelegentlichen Naps tut man sich im Allgemeinen schwer, nachts einen guten Schlaf zu finden.

◆ Setzen Sie auf schlaffördernde Rituale, etwa ein warmes Bad mit ätherischen Ölen, eine Tasse Kräutertee oder einige Seiten Lektüre.

◆ Bringen Sie regelmäßig am Morgen und am frühen Nachmittag Ihren Kreislauf in Schwung (Fitness, Spazierengehen), vermeiden Sie jedoch anstrengende körperliche Aktivitäten kurz vorm Schlafengehen.

◆ Koffein – ja und nein. Generell: Trinken Sie bei Schlafstörungen nach 16 Uhr keine aufputschenden Getränke wie Cola, Kaffee oder Schwarztee mehr. Ausnahme: Menschen mit niedrigem Blutdruck (und Ältere, die unter Störungen der Hirndurchblutung aufgrund einer Herz-schwäche leiden) profitieren von einer späten Dosis Koffein. Trinken Sie in dem Fall abends am besten einen Espresso. Dadurch normalisiert sich der Blutdruck wieder, viele Menschen schlafen danach wohlig ein.

◆ Trinken Sie keinen Alkohol kurz vor dem Zubettgehen, besonders, wenn Sie schon müde sind; das beeinträchtigt die Tiefschlafphase.

◆ Rauchen Sie nicht kurz vor dem Schlafen.

◆ Ein nervenaufreibender Thriller im Fernsehen oder der superspannen-de Krimi auf dem Nachttisch sind keine idealen Einschlafhilfen. Besser: Schreiben Sie noch einige Minuten Tagebuch, gönnen Sie sich ein paar Seiten leichter Bettlektüre oder versinken Sie in einem schönen Hörbuch.

◆ Sorgen Sie im Schlafzimmer für gedämpftes Licht. Unsere innere Uhr reagiert auf diese »Dämmerung« und stimmt den Körper auf »Schlaf« ein.

◆ Lüften Sie Ihr Schlafzimmer vor dem Zubettgehen zehn Minuten durch; die ideale Raumtemperatur liegt bei 17 Grad.

Mein Extra-Tipp: Mittel gegen den Jetlag

Wer mit dem Flugzeug in eine andere Zeitzone rast, spürt nach der Ankunft, dass der Körper nicht auf die Ortszeit eingestellt ist und in der Regel rund einen Tag braucht, um eine Stunde Zeit-verschiebung zu kompensieren. Es gibt Tricks, die helfen, besser mit dem Jetlag fertig zu werden. Bei Reisen Richtung Westen soll-te man nach der Ankunft erst abends ins Freie gehen. Das Abendlicht bewirkt, dass der innere Tag verlängert wird. An den folgenden Tagen zeitig ins Bett gehen und tagsüber möglichst nicht schlafen. Bei einem Trip gen Osten sollten Sie erst dann ins helle Licht treten, wenn die »innere Nacht«, berechnet nach dem Zeittakt des Abflugorts, fast vorüber ist. An den Folgetagen sollte man abends lange aufbleiben.

Ernährung, Fitness und Figur

Ich bin in einer Fleischerfamilie in Wunstorf am Steinhuder Meer aufgewachsen. Meine Eltern haben schon immer auf gute Ernährung geachtet. Das bedeutete in meiner Kindheit natürlich viel (gutes) Fleisch, Gemüse, Kartoffeln und Salate. Vor allem aber wurde regelmäßig gegessen – und zwar dreimal am Tag. Diese Regelmäßigkeit schaffe ich heute leider nicht mehr. Und ich muss auch gestehen, dass ich Süßigkeiten liebe und leider nicht besonders diszipliniert bin. Besonders die Versuchungen aus meiner Kindheit haben es mir angetan. Ein Schokokuss-Brötchen ist für mich ein Hochgenuss, ebenso dieser Riegel aus Karamell-Schokolade, den es schon seit Ewigkeiten gibt. Mittags esse ich dann, wenn die Zeit reicht, einen Salat oder ein Pasta-Gericht aus der Kantine im Sender. Abends lebe ich etwas vorbildlicher.

Mein Mann und ich versuchen, Obst und Gemüse möglichst vom Markt und in Bioqualität zu kaufen. Morgens genieße ich mein Müsli mit Joghurt und Obst, abends essen wir gerne frisches Brot und Aufschnitt – so wie früher bei uns zuhause.

Seit die Kinder auf der Welt sind, bin ich konsequenter. Das geht wahrscheinlich vielen Eltern so. Ich kenne zahlreiche Frauen, die seit der Geburt ihrer Kinder bewusster auf die Ernährung achten. Auch ich würde mir nicht verzeihen, wenn ich heute aus Gleichgültigkeit Fehler mache, die für meine Kinder später negative gesundheitliche Auswirkungen haben.

Die Lieblingsgerichte meiner Familie

Kai und ich finden es entspannend, zu kochen. Große Küchenarien gibt es allerdings meist nur am Samstag, meinem einzigen freien Tag in der Woche. Dann gehen wir morgens mit den Kindern auf den Markt, schlendern gemütlich an Obst-, Gemüse- und Blumenständen vorbei, naschen hier ein bisschen, trinken dort einen frischgepressten Obstsaft und kommen irgendwann mit vollen Taschen heim. Kai liebt es, aufwendigere Gerichte zu kochen, und experimentiert gerne. Ich bin in Sachen Food mehr die Bodenständige, liebe echte Hausmannskost wie leckeres Gulasch, Schweinefilet, Rouladen oder Wiener Schnitzel. Und ich kann richtig gute Steaks braten – da kommt wohl die Metzgerstochter in mir durch ...

Raffiniert: Zander auf Bärlauch à la Kai

WAS SIE BRAUCHEN:

Zanderfilets à 120 bis 150 g mit Haut

1 Zitrone

8 Kartoffeln

1/3 Sellerieknolle

1 l Milch

1 Bund Bärlauch

3 Bund Frühlingszwiebeln

1 Bund Schnittlauch

1/8 l trockener Weißwein

50 Gramm Butter

4 EL Olivenöl

Salz

schwarzer und weißer Pfeffer aus der Mühle

Muskat

ZUBEREITUNG: Zanderfilets waschen, trockentupfen, mit Salz und weißem Pfeffer würzen und mit dem Saft einer halben Zitrone beträufeln, danach beiseite stellen. Kartoffeln und Sellerie schälen, in Stücke schneiden und in leicht gesalzener Milch weichkochen. Bärlauch waschen, Stiele abzupfen und sehr fein hacken. Frühlingszwiebeln und Schnittlauch waschen, die Frühlingszwiebeln in Stücke, den Schnittlauch in sehr feine Röllchen schneiden. Die Frühlingszwiebeln in

Olivenöl anschwitzen und dabei ganz leicht bräunen, mit Weißwein ablöschen und bissfest dünsten. Den Schnittlauch unterrühren, mit Salz und Pfeffer würzen. Das Gemüse kurz vor dem Servieren erneut erwärmen.

Die weichen Kartoffel-Sellerie-Stückchen abgießen (die Milch auffangen) und zu Brei zerstampfen, Butter aufschäumen lassen, gehackten Bärlauch wenige Sekunden in Butter schwenken, mit dem Schneebesen unter den Brei arbeiten und unter Zugabe der heißen Milch zu einem nicht zu flüssigen Püree verarbeiten. Das Püree mit Salz, schwarzem Pfeffer und etwas Muskat würzen und warm stellen. Große, flache Teller vorheizen.

Zanderfilets in Öl erst auf der Fleischseite (1 Minute), dann auf der Hautseite (3 Minuten) fertig braten. Zuletzt 30 Gramm Butter und den Saft der anderen halben Zitrone in die Bratpfanne geben und die Filets darin vorsichtig wälzen. Frühlingszwiebeln erhitzen und dann Fisch, Frühlingszwiebeln und Bärlauch auf den angewärmten Tellern anrichten.

Bodenständig: Gulasch à la Frauke

WAS SIE BRAUCHEN:

1 kg Rindfleisch für Gulasch (am besten aus der Hüfte)

500 g Zwiebeln

500 g rote Paprika

1 Knoblauchzehe

1 EL Tomatenmark

1 l Rinderfond oder Rinderbrühe (Instant)

Blättchen von einem Majoranzweig oder etwas getrockneter Majoran

2 TL Paprikapulver edelsüß

1 TL Rosenpaprika (scharf)

Öl oder Butterschmalz

Salz

frisch gemahlener Pfeffer

ZUBEREITUNG: Das Fleisch abspülen, trockentupfen, in mundgerechte Würfel schneiden und in einer Pfanne oder einem Schmortopf in heißem Öl oder Butterschmalz von allen Seiten anbraten. Danach das Fleisch herausnehmen und beiseitestellen. Zwiebeln in feine Streifen schneiden und Paprika in kleine Würfel. In dem verbliebenen Öl zunächst die Zwiebeln goldbraun braten, Paprikawürfel hinzugeben und ebenfalls anbraten. Das Tomatenmark dazugeben und kurz mit anbraten. Die Knoblauchzehe dazupressen. Topf vom Herd nehmen, die beiden Paprikapulver sowie den Majoran untermischen und mit der Brühe auffüllen. Wieder zurück auf den Herd stellen und aufkochen lassen. Das Fleisch wieder dazugeben, alles mit Salz und Pfeffer würzen und etwa 1 bis 1 1/2 Stunden schmoren lassen. Ab und zu umrühren. Zum Schluss nochmals mit Paprikapulver, Salz und Pfeffer abschmecken. Dazu liebe ich Semmelknödel oder Spätzle (am besten selbstgemacht, gibt es aber auch semifrisch im Kühlregal).

Essen Sie sich jung und fit

Gerade weil ich ein Süßigkeiten-Junkie bin, versuche ich diese kleinen Sünden mit gesundem Essen wieder zu kompensieren. Ernährungsexperten sagen, dass das sogar funktioniert. Wer täglich ein Mindestmaß an Vitalstoffen über Obst und Gemüse zu sich nimmt, schadet dem Körper mit kleinen Ausrutschern wie einem Schokoriegel, einem Croissant oder einem Teller Spaghetti Carbonara fast gar nicht. Das steckt der Körper dann nämlich locker weg, weil seine Selbstverteidigungskräfte gegen freie Radikale ja durch die Nährstoffe aus den gesunden Lebensmitteln aktiviert sind.
Vitalstoffe in der Nahrung können das Aussehen von Haut und Haaren entscheidend beeinflussen. Haare und Nägel brauchen beispielsweise

ausreichend Zink. Die Haut erhält einen Frischekick durch Vitamin A und Betacarotin. Altersflecken beugt Vitamin E vor. Und Cellulite-Dellen bekommen die rote Karte durch den Bindegewebsstraffer Vitamin C.

Meine persönlichen Favoriten sind übrigens Spargel und Brokkoli, selbst meine Kinder essen sich gerne daran satt. Die beiden sind in Sachen Ernährung für ihr Alter sowieso relativ unkompliziert. Was Kai und ich mögen, essen sie mit wenigen Ausnahmen auch, selbst für Kindergaumen relativ intensive Dinge wie beispielsweise schwarze Oliven. FastFood ist für uns glücklicherweise (noch) kein Thema, ich denke aber, dass sich das schnell ändern kann.

Durch Zufall waren wir nach einer längeren Autofahrt mit Nele einmal in einem Burger-Restaurant – und sie war sofort infiziert. Über eine Woche fragte sie mehrmals täglich, wann wir denn endlich wieder in dieses tolle Restaurant gehen würden. Irgendwann hat sie es dann glücklicherweise einfach wieder vergessen ...

Dramatisch finde ich die Entwicklung, dass viele Kinder ohne Frühstück in die Schule gehen oder sich mittags von Mikrowellen-Essen ernähren müssen. Da gelten auch keine Ausreden wie »Keine Zeit, wenig Geld«. Ich bin sicher keine Übermutter und durch die Hilfe meiner Kinderfrau auch privilegiert, aber die Zeit für ein gemeinsames Frühstück morgens kann man sich nehmen, und ein selbstgemachtes Gemüsegratin geht schnell, ist gesund – und garantiert günstiger als ein Fertiggericht für die Mikrowelle. Und wenn gar keine Zeit bleibt, ist am Abend ein Vollkornbrot mit Käse und Tomatensalat die bessere Alternative zur Tiefkühlpizza.

Vitaminpillen und andere Nahrungsergänzungsmittel schlucke ich übrigens nicht. Ich halte das für Geldschneiderei – es reicht, wenn man sich halbwegs ausgewogen ernährt. Von einem befreundeten Ernährungswissenschaftler habe ich erfahren, dass man die Natur (glücklicherweise) eben nicht zu 100 Prozent imitieren kann. Und gerade die vielen sekundären Pflanzenschutzstoffe sind es, die ein Lebensmittel gesund machen. Diese Stoffe lassen sich aber nicht alle in eine Pille packen. Zum einen, weil sie außerhalb ihres normalen Wirts unwirksam werden, zum anderen, weil der menschliche Körper sie nur in bestimmten Zubereitungen überhaupt aufspalten und verwerten kann. Zudem ist das Zusammenspiel von Nährstoffen aus Lebensmitteln in unserem Körper sehr komplex und noch nicht in allen Punkten komplett erforscht. Fast täglich entdecken Wissenschaftler neue Schutzstoffe in Obst und Gemüse, die sich nicht einfach im Labor nachbauen lassen.

Deshalb mein Rat: Setzen Sie auf frisches Obst und Gemüse, wenn möglich in Bioqualität. Die gibt es heute in vielen Supermärkten und Discountern und selbst in Bioläden wirklich bezahlbar, und auch Bioläden sind heute keine »Apotheken« mit astronomischen Preisen mehr. Falls Sie ein eher unregelmäßiges Leben führen: Setzen Sie auf Tiefkühlkost. Die ist besser als ihr Ruf, weil Obst und Gemüse direkt nach der Ernte schockgefrostet werden und somit alle Nährstoffe gut konserviert sind.

Mein Extratipp: So macht Ernährung Spaß

◆ Versuchen Sie jeden Tag, fünf Portionen Obst und Gemüse zu essen. Eine Portion besteht beispielsweise aus einem Apfel, einem kleinen Salat oder aus 100 Milliliter frisch gepresstem Obstsaft.

◆ Kaufen Sie nur ganz frisches Obst und Gemüse ein, am besten natürlich direkt beim Erzeuger, im Bioladen oder auf dem Wochenmarkt, notfalls auch im Supermarkt. Schauen Sie beim Einkauf genau hin: Welke Blätter, müde Farben und trockene Stellen zeigen, dass die Ware zu lange liegt und schon einen großen Teil der wichtigen Nährstoffe verloren hat. Viel besser als sein Ruf ist übrigens Tiefkühlgemüse. Es wird direkt nach der Ernte eingefroren und hat deshalb in der Regel ähnlich viele Vitamine, Mineralien und Spurenelemente wie frische Ware. Tiefkühlkost vor dem Zubereiten nie auftauen, sonst schütten Sie wichtige Biostoffe mit dem Tauwasser weg.

◆ Frisches Gemüse sollte man vor dem Einfrieren blanchieren, also ganz kurz in sprudelnd kochendes Wasser halten. Danach sofort einfrieren. Durch das Blanchieren verhindern Sie, dass bestimmte Enzyme während der Lagerung wertvolles Vitamin C im Gemüse abbauen.

◆ Achten Sie der Frische und Umwelt zuliebe auf regionale Ware, die keine langen Transportwege hinter sich hat.

◆ Kaufen Sie nach Saison ein. Kein Mensch braucht Erdbeeren im Januar oder Spargel zu Weihnachten. Zudem ist die Freude auf ein bestimmtes Gemüse oder Obst doch auch viel größer, wenn es eben nicht das ganze Jahr gibt. Ich jedenfalls finde es toll, dass es mein Lieblingsgemüse Spargel nur wenige Wochen im Jahr gibt – so wird es zu etwas Besonderem und nicht zur Altagsware.

◆ Gemüse am besten im Kühlschrank lagern, die Kälte konserviert die Biostoffe am besten. Übrigens: Bestimmte Gemüse- und Obstsorten wie beispielsweise Spargel, Brokkoli, Spinat, Pilze, Blattsalate oder Erdbeeren verlieren ihre wertvollen Nährstoffe besonders rasch – also möglichst schnell verzehren.

◆ Gemüse und Obst sollte man kurz mit lauwarmem Wasser, Salate und Kräuter immer mit kaltem Wasser abbrausen. Wichtig: Lassen Sie Obst und Gemüse nie länger im Wasser liegen, sonst spülen Sie die Vitamine durch den Ausguss. Und niemals Obst und Gemüse im kleingeschnittenen Zustand nochmals waschen.

◆ Die gesündesten Zubereitungsarten für Gemüse, Fleisch und Fisch sind kurzes Dämpfen, Dünsten, Pochieren, Grillen oder auch Sautieren (z. B. kurzes Braten mit hochwertigen Ölen im Wok oder in der Pfanne).

◆ Vermeiden Sie unnötiges Fett bei der Zubereitung von Speisen. Verwenden Sie immer hochwertige pflanzliche Öle mit ungesättigten Fettsäuren. Denken Sie auch an versteckte Fette in Wurst und Milchprodukten. Die Friteuse sollten Sie generell aus der Küche verbannen.

◆ Gehen Sie sparsam mit Salz um und verwenden Sie ausschließlich jodiertes Speisesalz. Deutschland ist nämlich ein Land mit Jodmangel, und nur wenigen Menschen gelingt es, über die Nahrung ausreichend Jod zu sich zu nehmen. Jodmangel wiederum kann zu Schilddrüsen-Funktionsstörungen führen. Probieren Sie als zusätzliche Würze frische Kräuter aus, die sich problemlos auf der Fensterbank oder dem Balkon ziehen lassen.

◆ Meiden Sie möglichst weißen Zucker. Er jagt den Insulinspiegel kurzzeitig nach oben und lässt ihn dann wieder abfallen – Heißhungerattacken drohen. Denken Sie auch an Zucker in Fertig- und Halbfertigprodukten, Limonaden oder Konserven. Süßen Sie lieber mit Vollrohrzucker, Honig, Apfel- und Birnendicksäften.

◆ Essen Sie möglichst mageres Fleisch und fettarme Wurst. Empfehlenswert ist auch Geflügelfleisch wie Hähnchen oder Pute. Achten Sie beim Einkauf auf Bioqualität.

◆ Versuchen Sie, mindestens einmal in der Woche frischen Seefisch zu essen, denn er enthält wichtige Omega-3-Fette sowie Jod. Trinken Sie ausreichend, am besten mindestens zwei Liter am Tag. Ideal sind Mineralwasser, Fruchtsaftschorlen (im Verhältnis 1 Teil Saft – 3 Teile Wasser gemixt), Kräuter- oder Früchtetees.

In Sachen Food bin ich
eher bodenständig und
setze auf frisches Obst
und Gemüse, wenn
möglich in Bioqualität.

Superstoffe in Lebensmitteln

Rote Radikalenfänger: Anthocyane

Gemüse und Früchte wie Heidelbeeren, Himbeeren, schwarze und rote Johannisbeeren, Brombeeren, Blutorangen, Rote Bete und Auberginen schimmern so schön rot, violett oder blauschwarz durch Anthocyane. Diese wasserlöslichen Pflanzenfarbstoffe schützen die Pflanzen vor UV-Licht und binden gleichzeitig freie Radikale. Genau das tun sie auch im Körper. Ihre antioxidative Wirkung soll die der bekannten Zellschützer wie Vitamin E und C um ein Vielfaches übersteigen.

Faltenglätter aus Ananas und Co: Enzyme

Enzyme sind die Motoren in unserem Körper. Sie regeln vom Stoffwechsel über die Immunabwehr bis zum Fettabbau praktisch alle Vorgänge im Organismus. Enzyme besitzen eiweißspaltende Wirkung und sind dadurch in der Lage, Linien und Fältchen von innen her zu glätten. Sie knacken den Zellmüll aus alten Eiweißen und Cholesterin im Bindegewebe, der zu Fältchen führt. Enzyme sind reichlich enthalten in Ananas und Papayas, aber auch in Salat, Karotten, Fenchel, Lauch, Sellerie, Zwiebeln und Kräutern.

Wächter für das Immunsystem: Zink

Zink schützt die Körperzellen vor der Zerstörung durch freie Radikale und ist außerdem an der Zellneubildung beteiligt. Zink stärkt zudem das Immunsystem, verbessert die Wundheilung und sorgt für die Entgiftung des Körpers von Alkohol und Schwermetallen. Seefische, Austern, Garnelen, Fleisch, Milch und Käse sowie Hafer, Gemüse, Sesam, Kürbiskerne und Hülsenfrüchte enthalten viel des Powerstoffs.

Zellschützer: Tofu und Tee

Asiatische Frauen schwören seit Jahrhunderten auf die Anti-Aging-Wirkung von Sojaprodukten wie Sojabohnen, Tofu, Tempeh oder Miso. Soja ist besonders reich an Isoflavonoiden, die auch als Phyto-Hormone bekannt sind. Sie schützen die Erbsubstanz vor Schäden durch UV-Licht und halten freie Radikale in Schach. Ein weiterer Asia-Hit ist grüner Tee, seine Tannine (Gerbstoffe) haben ebenfalls eine zellschützende Wirkung.

Freie Radikale

Sie sind es vor allem, die den Traum von der ewigen Jugend platzen lassen: freie Radikale. Diese aggressiven, sehr reaktionsfreudigen Sauerstoffmoleküle bildet der Körper zum Teil selbst – bei der Umwandlung von Nahrung in Energie. Zum anderen fördert eine ungesunde Lebensweise mit viel Sonne, Nikotin, fetter Nahrung und wenig Bewegung zusätzlich die Bildung dieser Zellfeinde. Freie Radikale wiederum greifen die Kraftwerke unserer Körperzellen, die sogenannten Mitochondrien, an. Sie zerstören so einen Teil der DNA, der Erbsubstanz und damit auch ein Stück unserer Lebensenergie. Die Folgen: Vorzeitige Alterung, Rheuma, Arteriosklerose und möglicherweise auch Krebserkrankungen.

Hautverbündeter: Vitamin E

Vitamin E ist eines der effektivsten Antioxidantien überhaupt. Das bedeutet, es schützt die Haut vor dem Angriff durch freie Radikale – Vitamin E geht dabei sehr clever vor: Es entzieht den freien Radikalen einfach ein Elektron und macht sie dadurch äußerst träge und somit harmlos für die Zellen. Zudem wirkt Vitamin E wie ein Verbündeter auf die Hautbarriere. Es stabilisiert die Lipidschichten in der Haut und stärkt so die hauteigene Schutzschicht. Vitamin E ist in kalt gepressten pflanzlichen Ölen aus Weizenkeimen, Sonnenblumenkernen, Oliven, Hasel- und Walnüssen enthalten. Außerdem steckt das Zellschutzvitamin in Nüssen, Samen, Schwarzwurzeln, Fenchel, Paprika und Sojabohnen.

Power fürs Gehirn: Omega-3-Fettsäuren

Fettreiche Seefische wie Thunfisch, Lachs, Makrelen oder Sardinen sind besonders reich an sogenannten Omega-3-Fettsäuren. Durch diese Fette bilden sich im Körper Eicosanoide (Gewebshormone), die die Blutgefäße freiputzen und so das Risiko eines Herzinfarktes senken. Doch die Omega-3-Fette können noch mehr: Sie helfen bei chronischen, entzündlichen Erkrankungen wie Asthma, Arthritis oder Schuppenflechte. Zudem schützen Sie die Nervenzellen vor der Zerstörung und können somit einen natürlichen Schutz vor Demenzerkrankungen wie Alzheimer bieten.

Fatburner: Jod

Jod gehört zu den Spurenelementen, die der Körper in winzigen Mengen dringend braucht. Mit Jod sind wir schlecht versorgt, denn Deutschland zählt diesbezüglich zu den Mangelgebieten. Ein Jodmangel kann die hormonellen Vorgänge im Körper durcheinanderbringen, zu einem Wachstum der Schilddrüse, zu einem Kropf und irgendwann zu einer Schilddrüsen-Unterfunktion führen. Die zeigt sich in Müdigkeit, Gewichtszunahme, Depressionen und trockener Haut. Und: Jod hilft dem Körper, Fett zu verheizen. Denn nur wenn ausreichend Schilddrüsenhormone gebildet werden, laufen die körpereigenen Fettverbrennungsöfchen auf Hochtouren. Seefische, Muscheln, Garnelen und Algen sind gute Jodquellen. Empfehlenswert sind neben Jodsalz auch jodierte Lebensmittel wie Brot, Käse oder Wurstwaren.

Bio-UV-Schutz: Lycopin

Lycopin gibt Tomaten und Hagebutten ihre rote Farbe. Es ist ein exzellenter Radikalenfänger, reduziert das Krebsrisiko und soll sogar bei Rheuma helfen. Außerdem wirkt es wie ein natürlicher UV-Filter und wirkt so frühzeitiger Hautalterung entgegen. Reife Tomaten enthalten besonders viel Lycopin. Allerdings soll das Lycopin aus verarbeiteten und erhitzten Tomatenprodukten (wie Dosentomaten, Mark oder Saft) für den Körper laut neuesten Studien leichter verwertbar sein als aus rohen Tomaten. Ein Schuss Öl oder ein Klecks Butter verbessert die Aufnahme des Lycopins in den Körper.

Für ein starkes Herz: Olivenöl und Co.

Setzen Sie auf das richtige Fettnäpfchen: Ungesättigte Fettsäuren schonen das Herz und putzen die Gefäße frei. Sie stecken beispielsweise in Oliven-, Raps- und Avocadoöl, in Nüssen, Samen und Fisch. Und: Geizen Sie mit Butter, Margarine oder Butterschmalz.

Gegen Cellulite-Dellen: Kalium

Kalium regelt den Wasserhaushalt und sorgt dafür, dass überschüssige Flüssigkeit ausgeschwemmt wird. Außerdem aktiviert Kalium Enzyme, die für den Fettabbau zuständig sind, und hilft so gegen Cellulite-Dellen. Alle Gemüse- und Obstsorten enthalten reichlich Kalium, ebenso Nüsse, Pilze und Vollkornprodukte. Koffein und bestimmte Medikamente (etwa Kortison) sowie Abführpräparate wirken als Kaliumkiller.

Hilft bei Stress und Hektik: Magnesium

Das Powermineral Magnesium ist am Aufbau von Eiweißen beteiligt, und es beeinflusst die Informationsübertragung von den Nervenzellen auf die Muskulatur. Es gilt als Anti-Stress-Mineral, weil es die Ausschüttung von Adrenalin positiv beeinflusst, einem Hormon, das die Reaktionsfähigkeit verbessert. Alle tiefgrünen Gemüse wie Mangold,

Blattspinat oder Brokkoli, aber auch Vollkornprodukte, Nüsse, Hülsenfrüchte und Sojabohnen sind ideale Magnesiumlieferanten.

Hautstraffer aus der Natur: Vitamin C

Vitamin C wirkt wie ein Schutzschild für die Hautzellen. Es hilft der Haut unter anderem, neues Kollagen zu bilden, und hält dadurch das Bindegewebe straff. Da Vitamin C vom Körper nicht selbst hergestellt werden kann, müssen wir es mit der Nahrung zu uns nehmen. Vitamin-C-Bomben sind alle Zitrusfrüchte, Erdbeeren, Johannisbeeren, Sanddorn, Paprika, Brokkoli, Kohlgemüse sowie Kartoffeln. Übrigens: Stress und Rauchen sind wahre Vitamin-C-Räuber.

Iris Berben, Schauspielerin:

Ich habe das Glück, dass mein Stoffwechsel hochtourig läuft. Wenn die Waage doch mal mehr anzeigt, gibt es viel gegrilltes Gemüse und Fisch. Drei Liter Wasser pro Tag sind für mich wichtig, und zweimal im Jahr faste ich mit Gemüsebrühe, Tee und Wasser. Das entschlackt, man fühlt sich danach unendlich fit und wach. Wenn mehr Zeit ist, genieße ich eine 14-tägige Ayurveda-Kur. Die bringt Body & Soul wieder in Balance.

Entgiftet den Körper: Selen

Das Spurenelement Selen schützt den Körper vor freien Radikalen. Selen hat außerdem eine entgiftende Wirkung und hilft dem Körper, mit Umweltbelastungen besser fertig zu werden. Viel Selen steckt in Seefischen, Austern, Garnelen und Algen. Auch Reis, Nudeln und Vollkornbrot enthalten Selen sowie Fleisch und Eier von selenhaltig gefütterten Tieren. Wichtig: Selen und Vitamin E ergänzen sich in ihrer antioxidativen Wirkung. Vitamin C behindert die Aufnahme von Selen im Körper.

Schutz für das Herz: Betacarotin

Karotinoide sorgen dafür, dass Karotten oder Paprika gelb und rot gefärbt sind. Besonders wichtig für den Körper ist das Betacarotin. Es steigert die körpereigene Abwehr gegen Viren und Bakterien. Zudem schützt es vor Ablagerungen in den Gefäßen und trägt somit zum Schutz vor Herzinfarkt bei. Der betrifft nicht nur Männer: Herzerkrankungen sind bei Frauen nach der Menopause die häufigste Todesursache – weit vor Krebs. Betacarotin steckt außerdem in Aprikosen, Mais, Honigmelonen, Mangos, Kürbissen und Fenchel, aber auch in intensiv grünem Gemüse wie Brokkoli, Spinat und Feldsalat.

Stärkt die Knochen: Kalzium

Kalzium ist für den Aufbau und die Härtung von Knochen und Zähnen zuständig und hilft, Osteoporose, dem schleichenden Knochenabbau, vorzubeugen. Bereits ab dem 30. Lebensjahr nimmt bei Frauen die Knochendichte ab. Jede dritte Frau ist heute von dem tückischen Leiden betroffen. Milch und Milchprodukte sind ideale Kalziumlieferanten. Ebenfalls kalziumreich sind Nüsse, Sesam, Gemüse wie Brokkoli, Fenchel und Lauch sowie Vollkornprodukte und Mineralwässer mit einem Kalziumgehalt von mehr als 200 Milligramm pro Liter. Vitamin D und C verbessern die Kalziumaufnahme des Körpers.

Pushen die Abwehr: Flavonoide

Bei Flavonoiden handelt es sich um Pflanzenfarbstoffe, die den Cholesterinspiegel senken und Bakterien hemmen. Sie stecken in Äpfeln, Weintrauben, Zitronen, Heidelbeeren, Zwiebeln – und in dunkler Schokolade! Besonders viele Flavonoide befinden sich übrigens in den Randschichten von Obst und Gemüse. Deshalb: Besser auf Biokost setzen, denn da können Sie die Schale gegebenenfalls bedenkenlos mitessen.

Birgit Schrowange, Moderatorin:

Ganz wichtig für eine schöne Haut ist die Ernährung. Ich meide Fertigprodukte und kaufe fast ausschließlich Bioprodukte. Die kosten heute kein Vermögen mehr und die Auswahl ist sehr groß, selbst bei Discountern. Zudem schlucke ich als Nahrungsergänzung Dragees mit Kiefernrindenextrakt. Sie enthalten Pygnogenol, einen Fänger von freien Radikalen, der 50 Mal effektiver ist als Vitamin E – für mich die ultimative Anti-Aging-Wunderwaffe.

Fasten hält die Zellen jung

Wenige Monate nachdem ich Kai kennengelernt habe, wollten wir einen richtig romantischen Urlaub unter Palmen machen. Wir waren damals beide beruflich sehr unter Dampf und mussten einfach mal runterkommen. Von meiner Gynäkologin bekam ich dann einen ganz anderen Tipp – und wir fuhren zur F.-X.-Mayr-Kur an den Wörthersee. Bei diesem Naturheilverfahren steht die Entgiftung und Entschlackung im Vordergrund. Sicher ist, dass viele Erkrankungen durch ungesunde Ernährung und einen falschen Lifestyle ausgelöst werden – und hier ist die rund 100 Jahre alte Methode des Kurarztes Franz Xaver Mayr aus der Steiermark immer noch aktuell. Denn sie bewirkt eine gründliche Regeneration von Gewebe und Blut, fördert die Selbstheilungskräfte und hilft gegen eine Übersäuerung des Körpers. Traditionell ist die Mayr-Kur sehr spartanisch: Nach einer gründlichen Säuberung des Darms mit Glauber- oder Bittersalz nimmt man außer Weizenbrötchen und Milch (oder Joghurt) nichts zu sich. Die meisten Hotels und Kurkliniken bieten heute allerdings eine um neueste wissenschaftliche Erkenntnisse erweiterte Mayr-Kur an, die man eher als Nouvelle F.X.

Mayr Cuisine bezeichnen könnte. Denn die reine Milch-Semmel-Diät ist einseitig, enthält dem Körper wichtige Vitamine, Mineralstoffe und Spurenelemente vor und kann deshalb langfristig zu einem Jojo-Effekt führen. Heute setzt man auf eine clevere Synthese aus Fasten und kulinarischem Genuss, der auch eher zu einer langfristigen Ernährungs-umstellung führt – und das ist schließlich der Schlüssel zum Abnehmen und Wohlfühlen.

Ich gebe zu, dass meine relativ strenge Mayr-Kur in den ersten Tagen ganz schön schwer war, ab dem dritten Tag setzte jedoch ein Hoch-gefühl ein. Wieder zuhause, waren Kai und ich unglaublich fit, sehr konzentriert und kaum noch müde. Meine Haut war ganz rein und strahlte wie von innen heraus. Heißhunger auf Süßes hatte ich über ein halbes Jahr nicht. Und die schönste Folge dieser Fastenkur: Ich bin unmittelbar danach schwanger geworden, mit 38.

Fest steht jedenfalls: Weniger Nahrung bedeutet, dass der Körper weniger Energie und damit auch weniger freie Radikale produziert. Das verringert Zellschäden – und bremst den Aging-Prozess. Experten empfehlen deshalb zweimal pro Woche Dinner-Cancelling; das bedeu-tet, dass man nach 17 Uhr keine Nahrung mehr zu sich nimmt.

Mein Extratipp: Kurzzeitfasten

Die Skandinavier schwören auf das sogenannte Ein-Tages-Fasten. Dabei nimmt man ab 18 Uhr 24 Stunden lang nichts außer Wasser, Kräutertee und Brühe zu sich. Danach folgt noch ein leichtes eiweißhaltiges Abendessen in Form eines Omeletts mit Kräutern oder eines Stücks gegrillter Hühnerbrust. Durch das Ein-Tages-Fasten sollen sich alle Organe besonders gut regenerieren und Gift-stoffe ausgeschwemmt werden. Die Repair-Wirkung auf den Körper hält laut Studien sogar noch Tage nach dem Kurzzeitfasten an.

Fitte Frühstücke – von süß bis herzhaft

Apfel-Zimt-Frischkäse

WAS SIE BRAUCHEN (PRO PORTION):

100 g Frischkäse

1 Apfel

1 TL Zitronensaft

1 TL Honig

1 Messerspitze Zimt

ZUBEREITUNG: Apfel schälen und fein raspeln, mit dem Frischkäse, dem Zitronensaft und dem Honig vermischen. Den Zimt darüber stäuben.

MOOD-FAKTOR: Zimt hat eine anregende Wirkung, macht kreativ und fröhlich. Außerdem pusht er (ähnlich wie Vanille) die Lust.

Joghurt mit Feigen

WAS SIE BRAUCHEN (PRO PORTION):

1 Becher (125 g) fettarmer Joghurt

2 Feigen

1/2 rosa Grapefruit

1 TL Haferflocken

1 TL Honig

ZUBEREITUNG: Joghurt mit dem Honig verrühren. Grapefruit in kleine Würfel, Feigen in Spalten schneiden und mit dem Joghurt vermischen. Haferflocken darüber streuen.

FIT-FAKTOR: Haferflocken garantieren durch ihre Kohlenhydrate und ihre Ballaststoffe einen gleichmäßig hohen Blutzuckerspiegel. Dieser versorgt alle Körperzellen mit Energie und fördert so auch die Konzentration.

Pfirsich-Brötchen

WAS SIE BRAUCHEN (PRO PORTION):

1 Vollkornbrötchen

2 EL Magerquark

1 Pfirsich oder Nektarine

1 TL Fruchtzucker

ZUBEREITUNG: Vollkornbrötchen aufschneiden, mit Magerquark bestreichen und den Fruchtzucker dazugeben. Pfirsich oder Nektarine waschen, halbieren, in dünne Scheiben schneiden und auf den Quark legen.

SLIM-FAKTOR: Magerquark enthält nur 73 Kalorien pro 100 g, liefert dafür aber jede Menge Vitamin B2 (wichtig für Haut und Knochen). Frauen, die die Pille nehmen, sind oft gerade mit diesem Vitamin unterversorgt.

Vollkornmüsli

WAS SIE BRAUCHEN (PRO PORTION):

50 g Magerquark

2 EL Sahne

2 EL Rosinen

1/2 Tasse Vollkornmüsli

1/2 Apfel

ZUBEREITUNG: Magerquark mit der Sahne verrühren, Rosinen und Müsli unterrühren. Apfel in kleine Stücke schneiden und darübergeben.

BEAUTY-FAKTOR: Rosinen enthalten wie alle Trockenfrüchte viele Stoffe, die freie Radikale in Schach halten und so vor vorzeitiger Hautalterung schützen.

Mangoquark

WAS SIE BRAUCHEN (PRO PORTION):

1/2 reife Mango

100 g Magerquark

1 Limette
1 TL Honig
2 Minzblättchen
1 Sonnenblumenkernbrötchen

ZUBEREITUNG: Mango schälen und das Fruchtfleisch würfeln. 2/3 davon mit Quark, Limettensaft und dem Honig vermischen. Den Quark in ein Schälchen füllen und mit den restlichen Mangowürfeln und den in Streifen geschnittenen Minzblättchen bestreuen. Das Brötchen dazu essen.

BEAUTY-FAKTOR: Mangos enthalten die Zellschutz-Vitamine A, C und E, sorgen so für eine glatte, rosige Haut und straffen zusätzlich das Bindegewebe.

Paprika-Rührei

WAS SIE BRAUCHEN (PRO PORTION):
2 Eier
1/2 rote Paprika
1/2 Zwiebel
2 TL Magermilch
1 TL Olivenöl
Salz
Pfeffer

ZUBEREITUNG: Paprika waschen, entkernen und in dünne Streifen schneiden. Zwiebel pellen und in feine Ringe teilen. Beides zusammen mit etwas Olivenöl in der Pfanne anbraten. Eier mit der Milch verquirlen, sparsam mit Salz und Pfeffer würzen und zu den Paprikastreifen geben, stocken lassen und sofort servieren.

FIT-FAKTOR: Paprika enthält sehr viel Vitamin C. Das steigert unter anderem die Abwehrkräfte und hilft außerdem sogar gegen Cellulite-Dellen.

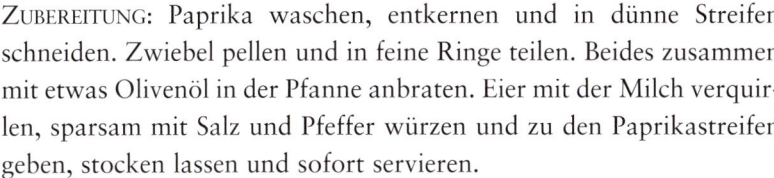

Mein Extratipp:
Blitz-Frühstücksdrink

Mit diesem Frühstücksdrink sind Sie sofort fit für den Tag und er ist fast genauso schnell zubereitet wie ein Espresso. Sie brauchen dafür 70 Gramm gemischte Beeren je nach Saison, 1 Orange, 1 rosa Grapefruit, 2 TL Fruchtzucker, 3/8 Liter fettarme Milch, 2 TL Haferkleie sowie 1 TL Leinöl. Brausen Sie die Beeren gründlich ab, lassen Sie sie abtropfen. Orange und Grapefruit schälen und kleinschneiden. Alles zusammen mit der Milch, der Haferkleie, dem Fruchtzucker, einem Spritzer Zitronensaft und dem Leinöl im Mixer pürieren und sofort genießen. Die Beeren und Zitrusfrüchte enthalten viel Vitamin C (gut fürs Immunsystem), die Grapefruit außerdem zellschützende Carotinoide.

Avocado-Brot mit Schinken

WAS SIE BRAUCHEN (PRO PORTION):
4 Scheiben Vollkorn-Knäckebrot
1 große Scheibe gekochten Schinken
10 Oliven
1/2 reife Avocado
etwas Zitronensaft
Salz
Pfeffer
ZUBEREITUNG: Avocado mit einer Gabel oder in einem Mixer pürieren, mit Zitronensaft, Salz und Pfeffer würzen. Die Masse auf die Knäckebrotscheiben streichen, das Ganze mit dem Schinken belegen und die Oliven dazu servieren.
MOOD-FAKTOR: Avocados enthalten sehr viel Vitamin B6, ein Fitmacher für die grauen Zellen.

Leichte Lunches — von kalt bis warm

Mozzarella-Nudelsalat

WAS SIE BRAUCHEN (PRO PORTION):

50 g al dente gekochte Nudeln

30 g Mozzarella

1 Tomate

1 TL Balsamico

1 TL Olivenöl

einige Blättchen Basilikum

Salz

Pfeffer

ZUBEREITUNG: Basilikum abbrausen und trockenschütteln, Tomate und Mozzarella in feine Würfel schneiden. Mit den Nudeln vermischen. Balsamico und Olivenöl mit Salz und Pfeffer verrühren, über den Nudelsalat geben und vermengen.

MOOD-FAKTOR: Die Kohlenhydrate in den Nudeln machen glücklich, weil sie die Aminosäure Trypthophan enthalten. Aus ihr bildet der Körper das Happy-Hormon Serotonin.

Puten-Tomaten-Sandwich

WAS SIE BRAUCHEN (PRO PORTION):

2 Scheiben Vollkornbrot

30 g hauchdünn geschnittenen Putenschinken

1 kleine Tomate

Butter

ZUBEREITUNG: Vollkornbrot toasten, mit Butter bestreichen und mit Schinken belegen. Die Tomate in dünnen Scheiben darauf verteilen.

FIT-FAKTOR: Putenfleisch enthält den Wirkstoff Niacin, einen Energielieferanten für die Körperzellen.

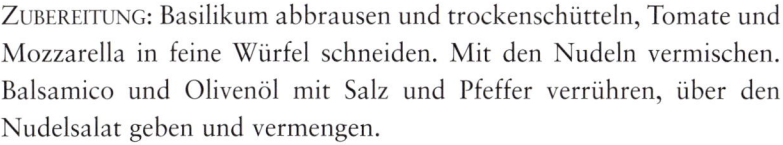

Griechischer Salat

WAS SIE BRAUCHEN (PRO PORTION):

2 Tomaten
1/2 kleine Gurke
30 g Schafskäse
1 kleine rote Zwiebel
Essig
Olivenöl
Salz
Pfeffer

ZUBEREITUNG: Tomaten, Gurke und Schafskäse in Würfel schneiden. Zwiebel pellen und in dünne Ringe teilen. Aus Essig, Öl, Salz und Pfeffer eine Marinade rühren und über den Salat geben. Dazu Pita-Brot reichen.

HEALTH-FAKTOR: Olivenöl enthält wertvolle Fettsäuren, die das Herz schützen, aber auch bei Allergien lindernd wirken können.

Eiersalat

WAS SIE BRAUCHEN (PRO PORTION):

1 hartgekochtes Ei
1 kleine Stange Staudensellerie
2 EL fettarmen Joghurt
1/2 TL Dijon-Senf
Zitronensaft
Schnittlauch
Salz
Pfeffer

ZUBEREITUNG: Ei pellen und würfeln. Staudensellerie putzen und fein würfeln. Joghurt mit Senf, einigen Spritzern Zitronensaft, Salz und Pfeffer verrühren. Ei und Sellerie darin wenden und mit Schnittlauch-röllchen bestreuen. Lecker dazu: ein Vollkornbrötchen.

MOOD-FAKTOR: Sellerie enthält B-Vitamine und Pantothensäure sowie Magnesium und Kalzium (entspannt Nervenzellen und Muskulatur).

Spinatsalat mit Hähnchenbrust

WAS SIE BRAUCHEN (PRO PORTION):

80 g geräucherte Hähnchenbrust in Scheiben

100 g frischen Spinat

1 Birne

1 Möhre

Zitronensaft

Olivenöl

Salz

Pfeffer

ZUBEREITUNG: Spinat putzen und waschen. Birne würfeln, Möhre putzen und in dünne Streifen schneiden. Alles vermischen und aus Zitronensaft, Öl, Salz und Pfeffer eine Marinade rühren. Erst kurz vor dem Essen zu dem Spinatsalat geben. Hähnchenbrust auf dem Salat anrichten. Dazu ein Sesambrötchen reichen.

HEALTH-FAKTOR: Spinat enthält große Mengen an Folsäure – wichtig für Frauen, die schwanger werden möchten. Da durchs Kochen ein Großteil der Folsäure zerstört wird, den Spinat lieber als Salat essen.

Gefüllte Tomaten

WAS SIE BRAUCHEN (FÜR ZWEI PORTIONEN):

2 große Tomaten

50 g Frischkäse (mit oder ohne Kräuter)

1 kleine Paprikaschote (rot oder gelb)

6 Basilikumblätter

1 EL Sonnenblumenkerne

Salz

Pfeffer

ZUBEREITUNG: Tomaten halbieren, Stielansätze rausschneiden. Kerne mit dem weichen Fruchtfleisch entfernen, dann die Tomaten hacken und mit dem Frischkäse vermischen. Die Paprika putzen, Kerne und weiße Trennwände entfernen und fein würfeln. Die Hälfte der Basilikumblätter grob hacken und zusammen mit der Hälfte der Paprikawürfel in den Frischkäse einrühren. Die Mischung mit Salz abschmecken und in die Tomaten füllen. Sonnenblumenkerne in einer Pfanne ohne Fett anrösten und über die Tomaten streuen. Das Ganze kurz unter dem Grill des Backofens gratinieren und mit den restlichen Paprikawürfeln und den Basilikumblättern dekorieren.

HEALTH-FAKTOR: Tomaten enthalten besonders viel Lycopin. Dieses senkt das Krebsrisiko und hält den Cholesterinspiegel in Schach.

Gesunde Abendessen – von einfach bis edel

Überbackene Zucchini

WAS SIE BRAUCHEN (FÜR ZWEI PORTIONEN):

2 Zucchini

100 g rote Linsen

200 ml Gemüsebrühe

150 g Magerquark

2 EL Olivenöl

Paprikapulver

Zitronensaft

Salz

Pfeffer

1 TL getrockneten oder frischen Thymian

ZUBEREITUNG: Linsen in 150 ml Wasser in 15 Minuten bei mittlerer Hitze weich kochen. Zucchini putzen und halbieren. Die Schnittfläche mit Öl einpinseln und in die Zucchini in eine Auflaufform setzen.

Brühe in die Form gießen, Ofen auf 160 Grad vorheizen. Linsen mit Salz, Pfeffer, Zitronensaft, Paprika und Thymian würzen, zusammen mit dem Quark pürieren und über die Zucchini geben. Das Ganze im Ofen 45 Minuten überbacken.

SLIM-FAKTOR: Hülsenfrüchte wie Linsen enthalten sehr viel Kalium – das zieht überschüssiges Wasser aus dem Körper.

Asia-Garnelen

WAS SIE BRAUCHEN (FÜR ZWEI PORTIONEN):
200 g ausgelöste Garnelen
150 g Soja- oder Mungobohnensprossen
1 rote Zwiebel
1 Möhre
1 kleines Stück Ingwer
1 Knoblauchzehe
Zitronensaft
2 EL helle Sojasoße
1 EL Fischsoße
1 TL Sesamöl
2 EL Erdnussöl

ZUBEREITUNG: Garnelen kalt abspülen und trocken tupfen. Ingwer und Knoblauch schälen, fein würfeln, mit den Garnelen und etwas Fischsoße vermischen und ziehen lassen. Sprossen abbrausen und abtropfen lassen. Zwiebel pellen und in Ringe teilen. Möhre schälen und in feine Streifen schneiden. Zitronensaft mit Sojasoße, Sesamöl, Reisessig und Erdnussöl verrühren. Sprossen, Zwiebel und Möhre in dieser Marinade wenden. Das übrige Öl in der Pfanne erhitzen, die Garnelen darin auf beiden Seiten zwei Minuten anbraten. Auf dem Asia-Salat anrichten und sofort servieren.

BEAUTY-FAKTOR: Möhren liefern viel Betacarotin. Es kann die Bräune beschleunigen, schützt vor Sonnenbrand und ist ein Radikalenfänger.

Gemüsepfanne mit Sprossen

WAS SIE BRAUCHEN (FÜR ZWEI PORTIONEN):

1 große Zucchini

1 rote Paprikaschote

4 Stangen Frühlingszwiebeln

100 g Soja- oder Mungobohnensprossen

200 g Tofu

1 EL Erdnussöl

1/8 l Gemüsebrühe

12 EL helle Sojasoße

ZUBEREITUNG: Tofu kalt abspülen, trockentupfen und in Würfel schneiden. Zucchini waschen und in dünne Scheiben schneiden. Paprika waschen, putzen und ebenfalls in Streifen schneiden. Frühlingszwiebeln waschen und in fingerlange Stücke schneiden. Öl in einer Pfanne erhitzen, Paprika, Zucchini und Tofu etwa 3 Minuten unter Rühren braten. Brühe und Sojasoße dazugeben und das Ganze fünf Minuten dünsten. Zum Schluss die Sprossen und die Frühlingszwiebeln dazugeben und weitere zwei Minuten dünsten.

HEALTH-FAKTOR: Sojasprossen enthalten viele ungesättigte Fettsäuren, die den Cholesterinspiegel senken. Außerdem wirken sie als natürliches Antioxidans und beugen so vorzeitiger Hautalterung vor.

Putenschnitzel mit Gemüsesoße

WAS SIE BRAUCHEN (FÜR ZWEI PORTIONEN):

2 dünne Bio-Putenschnitzel

1 Zwiebel

1 Tomate

1 Stange Sellerie

100 g Chinakohl

1 Frühlingszwiebel

1 EL Zitronensaft

1 EL Weißweinessig

Salz, Pfeffer

2 TL Erdnussöl

ZUBEREITUNG: Fleisch kalt abbrausen und mit Küchenkrepp trocken-tupfen. Zwiebel und Knoblauch schälen und fein würfeln. Tomate waschen, Stielansatz entfernen und achteln. Sellerie und Frühlings-zwiebel waschen, putzen und fein schneiden. Chinakohl waschen, put-zen und in feine Streifen schneiden. Zwiebel, Tomate, Sellerie, Frühlingszwiebel mit Zitronensaft, Essig, Salz und Pfeffer vermischen und das Fleisch in dieser Marinade eine halbe Stunde ziehen lassen. Das Öl in einer Pfanne erhitzen, Putenschnitzel darin von jeder Seite 3 bis 4 Minuten braten. Herausnehmen und warm stellen. Die Marinade und 1/8 l Wasser in die Pfanne geben und aufkochen lassen. Den Chinakohl dazugeben, zerfallen lassen. Gemüsesoße zu den Putenschnitzeln anrichten und sofort servieren.

SLIM-FAKTOR: Chinakohl enthält wie alle Kohlarten viele Vitamine und Mineralien. Vitamin C bewirkt, dass Fett schneller verbrannt wird.

Bandnudeln mit Brokkoli

WAS SIE BRAUCHEN (FÜR ZWEI PORTION)

100 g Vollkorn-Tagliatelle

300 g Brokkoli

100 ml Gemüsebrühe

50 g Kräuter-Frischkäse

50 g Magerquark

1 Bund Schnittlauch

Salz, Pfeffer

Muskat

ZUBEREITUNG: Tagliatelle nach Anleitung in Salzwasser garen. Brokkoli waschen, putzen und nur die Röschen in Gemüsebrühe maximal 5 Minuten zugedeckt garen, sie sollten noch Biss haben. Den Brokkoli mit Salz, Pfeffer und Muskat würzen. Schnittlauch waschen, fein hacken, mit Frischkäse und Magerquark verrühren und alles mit Salz und Pfeffer würzen. Die Nudeln in einem Sieb abtropfen lassen, Brokkoliröschen und Schnittlauchsoße daruntermengen und sofort servieren.

MOOD- UND HEALTH-FAKTOR: Muskatnuss galt in den 60er Jahren als Hippie-Droge. Heute weiß man: Kleine Mengen im Essen haben eine stimmungsaufhellende Wirkung. Brokkoli strotzt nur so vor sekundären Pflanzenstoffen, die schützen vor freien Radikalen.

Lachs mit Gemüse

WAS SIE BRAUCHEN (FÜR ZWEI PORTIONEN):

2 Scheiben Lachsfilet (à 120 g)

250 g Lauch (Porree)

1 Zwiebel

1 EL Olivenöl

80 ml fettarme Milch

25 g Parmesan

Zitronensaft

Currypulver

Salz

ZUBEREITUNG: Lauch putzen, der Länge nach aufschneiden, waschen und in breite Streifen schneiden. Zwiebel abziehen, würfeln und in Öl goldgelb andünsten. Lauch dazugeben, mit Salz und Curry würzen und bei milder Hitze 5 Minuten dünsten. Backofen auf 225 Grad vorheizen (Umluft 200 Grad, Gas Stufe 4-5). Fischfilets waschen, trockentupfen, mit Zitronensaft beträufeln und salzen. Das Lauchgemüse in eine Auflaufform geben, die Lachsfilets drauflegen, den Käse reiben und darüber streuen. Zum Schluss die Milch darüber gießen. Das Ganze 20 Minuten auf mittlerer Schiene gratinieren und sofort servieren.

HEALTH-FAKTOR: Lachs enthält wertvolle Omega-3-Fettsäuren, die die Gefäße entspannen und dadurch sogar gegen Migräne helfen sollen.

Interview mit Marion Grillparzer, Diplom-Ernährungswissenschaftlerin, Journalistin und Buchautorin

Morgens einen Espresso, danach eine Zigarette, mittags ein Leberkäse-Brötchen und am Abend dann eine Fertig-Lasagne aus der Tiefkühltruhe – nicht wenige Menschen ernähren sich so und fühlen sich dann schlapp, müde und niedergeschlagen. Welchen Einfluss hat die Ernährung wirklich auf unser Wohlbefinden?

Essen und Trinken versorgen uns nicht nur mit nötigem Treibstoff für den Tag, sondern sind auch Baustoff für all das, was uns ausmacht: Muskeln, Haut, Herz, Immunsystem, Hormone, Nervenbotenstoffe, Blut, Gehirn ... Essentielle Fettsäuren aus Fisch oder Leinsamen wandern ins Gehirn, und das besteht zu 60 Prozent aus Fett. Dort halten sie uns fröhlich und lassen uns denken. Eiweißbausteine aus dem Putenschnitzel bauen wir in Immunsystem, Muskeln und junge Haut ein. Das Vitamin A der Möhre lässt uns nachts gut sehen. Selen aus der Kokosnuss sorgt dafür, dass die Schilddrüse ihre Aktivhormone bildet. Jeder einzelne Nährstoff auf dem Teller hat viele Funktionen im Körper. Wenn nur einer fehlt, dann stoppt das Rad des Lebens: unser Stoffwechsel. Das macht auf Dauer traurig, energiearm, alt und krank. Als Fazit kann man ganz einfach sagen: Abwechslung und Natur halten gesund, fröhlich und jung. Starre Gewohnheiten und Fertigprodukte führen immer zu Mangelerscheinungen.

Kann man eine unausgewogene Ernährung nicht einfach durch Vitaminpillen wettmachen?

Eine Vitaminpille, die all das enthält, was uns die Natur liefert, wäre mindestens so groß wie ein Fußball – und unbezahlbar. 60 000 Wirkstoffe stecken in Gemüse und Obst, und jeden Tag finden Forscher neue. Und sie wirken nicht als Einzelstoffe, sondern ergänzen und verstärken sich gegenseitig. So steigern die Flavonoide eines Apfels die Wirkung des Vitamin C um das 30-fache. Nahrungsergänzung kann – wie das Wort schon sagt – die Nahrung nur ergänzen, aber niemals ersetzen. Und so hat gute Nahrungsergänzung mit fachlichem Rat, Sinn und Verstand eingenommen, durchaus ihren Sinn. Allerdings verkürzen laut neuesten Studien Monopräparate sogar das Leben, wenn man sie über einen längeren Zeitraum unkontrolliert einnimmt.

Bio boomt. Vorbei die Zeiten, als Naturkostläden noch schrumpelige Äpfel in den Regalen hatten und Tummelplatz für »Müsli-Freaks« waren. Selbst Discounter bieten heute ein eigenes, oft preiswertes Bio-Sortiment an. Ist Bio wirklich so viel besser? Und: Bei welchen Produkten macht Bio besonders viel Sinn?

Auch wenn es schwarze Schafe gibt: Bio ist besser – für unseren Körper heute und für die Welt morgen. Nur ein Beispiel: Die Pestizide, Medikamenten- und Hormon-Cocktails, die in der konventionellen Produktion von Früchten und »Tiermaterial« legal oder illegal eingesetzt werden, führen zu Unfruchtbarkeit, Übergewicht, Alzheimer und Krebs. Jeder Bauer, der umdenkt, sollte einen Verdienstorden bekommen. Und ich würde alle Lebensmittel, von denen ich sehr viel zu mir nehme, »bio« kaufen.

Viele Frauen hungern, um abzunehmen und wundern sich, dass sie im Laufe der Zeit immer mehr wiegen. Woran liegt das?

Wenn dem Körper auch nur ein Stoff fehlt, dann drosselt er den Stoffwechsel. Das heißt, er verbrennt weniger, erzeugt also weniger Energie. Wir leben sozusagen im ersten Gang. Das gilt auch, wenn wir wieder normal essen. Dann wird jede neue Tankfüllung vorsichtshalber erst mal gebunkert. Manche Frauen haben über viele Diäten hinweg ihren Grund-Kalorienverbrauch auf die Hälfte reduziert. Sie nehmen bei einer Tagesration von 1000 Kilokalorien zu statt ab. Dann muss man dem Körper erst wieder beweisen, dass er alles kriegt – und mit cleverer Lebensweise an den Speck gehen.

Trennkost, Glyx-Diät, Ananas-Orgien, Reis-Tage – der Diätendschungel ist schier unüberschaubar. Was sollte man tun, um wirklich langfristig und vor allem gesund abzunehmen?

Diät kommt aus dem Griechischen und heißt übersetzt »Lebensweise«. Wer langfristig abnehmen will, muss sich von manchen falschen Gewohnheiten trennen – und diese zu genussvollen Ausnahmen machen. Und: Wer abnehmen will, muss alles essen, was die Natur auftischt: Fisch, Geflügel, hochwertiges Fleisch, Eier, Milch und Milchprodukte, Hülsenfrüchte, Nüsse, Samen, Obst und Gemüse. Außerdem wichtig sind viel Eiweiß, gesunde Fette, mäßig Kohlenhydrate und kaum Fertigprodukte. Alle Lebensmittel mit Zucker, Weißmehl und modifizierter Stärke mästen den Menschen über den Hormonhaushalt. Fertigprodukte enthalten außerdem Glutamat, Weichmacher oder Aromastoffe, die in berechtigtem Verdacht stehen, für die epidemische Ausbreitung des Übergewichts verantwortlich zu sein.

Welche Rolle spielt Bewegung dabei?

Die wichtigste. In unseren Genen steht: Beweg dich – täglich! Wenn du das nicht tust, wirst du dick und krank. Bewegung ist die Medizin des 21. Jahrhunderts gegen die apokalyptischen Reiter der Neuzeit: Übergewicht, Herzinfarkt, Diabetes, Demenz, Osteoporose, Krebs. Wer täglich 30 Minuten ausdauernd auf dem Rad oder in Lauf- oder Walkingschuhen sein Fett verbrennt (meiden allein hilft nichts, man muss es verbrennen!) und zweimal die Woche mit Krafttraining Muskeln aufbaut und Knochen festigt, braucht keine Medikamente und keine Wunderpillen ...

Wasser ist wichtig, hieß es jahrelang. Jetzt haben Wissenschaftler jedoch festgestellt, dass es nur wenig Unterschied macht, ob man einen halben oder drei Liter pro Tag trinkt. Sollte man einfach auf sein Durstgefühl hören?

Lustig, was alles erforscht wird. Letztes Jahr ging durch die Presse: Zwei Liter Wasser täglich erhöhen den Stoffwechsel so, dass man zehn Kilo Fett mehr im Jahr verbrennt. Das waren keine Scharlatane, die das herausfanden, sondern Forscher der Berliner Charité. Man sollte sich manchmal lieber auf den gesunden Menschenverstand verlassen als auf die Zeitung – und auf den Körper, wenn man seine Signale noch hört. Durst meldet sich allerdings leider erst spät. Wir bestehen zu 60 Prozent aus Wasser. Trinken hält die Haut jung. Man runzelt mehr, wenn man wenig trinkt. Ein Liter mag genügen, wenn man Wasser, sprich: ein Kilo Obst und Gemüse isst, denn das besteht zu 80 Prozent aus Wasser. Man kann auch besser denken und mehr Leistung bringen, wenn man genug Wasser trinkt, selbst Kopf- sowie Rückenschmerzen verschwinden dadurch oft. Ich bleibe also lieber bei meinen zwei bis drei Litern. Wer weiß, was morgen in der Zeitung steht.

Warum Diäten dick machen

Schluss mit Pulverdiäten, Ananas-Orgien oder dubiosen Schlankpillen: Wenn Sie wirklich abnehmen wollen, müssen Sie nicht hungern, sondern essen – und zwar die richtigen Lebensmittel. Denn inzwischen hat sich herumgesprochen: Crash-Kuren lassen zwar kurzfristig die Pfunde purzeln, isst man dann jedoch irgendwann wieder normal, geht auch der Zeiger der Waage wieder nach oben. Macht man das öfter, steigt das Gewicht meist irgendwann sogar über das eigentliche Ausgangsgewicht hinaus. Das ist dann der berühmtberüchtigte Jojo-Effekt. Eigentlich ist das ein uraltes Notprogramm unseres Körpers für schlechte Zeiten: Bekommt der Körper in einer Ausnahmesituation mal weniger Nahrung, schaltet er auf Sparflamme und verbrennt einfach weniger Nährstoffe. Um dennoch Energie aufbringen zu können, bedient sich der Körper zunächst der Zuckerspeicher in Leber und Muskulatur und schwemmt dann durch deren Verbrennung verstärkt Flüssigkeit aus. Das ist übrigens auch der Grund, warum am Anfang einer Diät die Pfunde nur so purzeln. Doch ans wirkliche Problem, also das Fett, geht der Körper noch lange nicht heran. Nach dem Zucker wird zunächst auf wertvolles Eiweiß aus den Muskeln zurückgegriffen. Erst danach geht es wirklich ans Eingemachte, nämlich die Fettpölsterchen. Gleichzeitig bewegt sich der Grundumsatz des Körpers, also die Kalorienmenge, die er täglich für ein reibungsloses Funktionieren braucht, drastisch nach unten. Irgendwann müssen Sie immer weniger essen, um überhaupt noch abzunehmen. Wenn Sie irgendwann wieder normal essen, schießt das Gewicht rasant in die Höhe, was zu neuen Diätversuchen führt und nicht selten der Beginn von krankmachenden Essstörungen ist.
Verbannen Sie am besten noch heute das Wort »Diät« aus Ihrem Wortschatz, denn die müssen Sie nie wieder im Leben machen. Klingt

verlockend? Ist es auch! Denn Diäten helfen nur kurzfristig, um eventuell ein, zwei Kilos zu viel von den Hüften zu kriegen. Wenn Sie jedoch dauerhaft schlank werden wollen, sollten Sie Ihre Ernährung umstellen – und zwar für immer. Sie werden staunen, was und in welchen Mengen Sie essen dürfen. Und das Beste: Es gibt keine verbotenen Lebensmittel, es gibt nur solche, die Sie oft essen und solche, die nur gelegentlich auf dem Speiseplan stehen sollten.

Das Zauberwort für einen besonders erfolgreichen Weg von dick nach dünn heißt Glyx. Glyx steht für glykämischer Index. Dieser Wert bedeutet, wie stark ein Lebensmittel die Bauchspeicheldrüse anregt, Insulin zu produzieren. Insulin ist ein lebenswichtiges Hormon. Bei Menschen, die an Diabetes leiden, stellt die Bauchspeicheldrüse diesen Botenstoff nicht mehr her. Zu viel Insulin aber macht auf Dauer dick. Denn Insulin lenkt das Fett in die Fettzellen und hält es dort gefangen. Zudem hindert es ein fettabbauendes Enzym an seiner Arbeit, die angegessenen Pölsterchen von den Hüften abzutransportieren. Und es hindert das Hormon Glukagon daran, Fett in den Verbrennungsöfchen des Körpers zu verheizen.

Bis auf wenige Ausnahmen haben die meisten Obst- und Gemüsesorten (reife Bananen, getrocknete Datteln, Wassermelone, gekochte Karotten, Kürbis, Süßkartoffeln) sowie Vollkornprodukte einen niedrigen Glyxfaktor. Einfache Zucker, etwa in Weißmehlprodukten, Haushaltszucker, Limonade oder Süßigkeiten dagegen treiben den Blutzuckerspiegel schnell in die Höhe. Massen an Insulin strömen aus, innerhalb von zwei Stunden sackt der Spiegel aber ebenso rasant wieder ab. Nerven und Gehirn werden unterversorgt, der Körper reagiert gereizt, müde, die Konzentration sinkt – und Heißhunger kommt auf. Das nennt man dann Unterzucker. Wer dauernd Lebensmittel mit hohem glykämischen Index isst, lebt eigentlich ständig im Unterzucker. Morgens ein Croissant mit Marmelade, spätestens nach zwei Stunden ist die Lust auf einen Müsliriegel riesengroß, zum Mittagessen dann eine Pizza, am Nachmittag ein süßes Kuchenteilchen – ein Heißhungeranfall folgt auf den nächsten, weil das Gehirn einfach wieder Zucker braucht. Dennoch fühlt man sich müde und träge.

Heidi Klum, Model:

Ich mache niemals Diäten, weil sie langfristig das Gegenteil bewirken. Man nimmt nicht ab, sondern zu. Allerdings versuche ich etwas bewusster zu essen. Auf diese Weise habe ich auch nach meinen Schwangerschaften schnell wieder mein Normalgewicht erreicht. Ich habe beispielsweise weniger Kohlenhydrate gegessen. Brot, Nudeln und Kartoffeln standen nur einmal die Woche auf meinem Speiseplan. Dafür umso mehr Obst und Gemüse, das kann man in riesigen Mengen essen, ohne zuzunehmen.

Fett macht nicht unbedingt fett

Fett ist leider als Dickmacher schlechthin bekannt. Das stimmt – und doch wieder nicht. Fett kann sogar ein Fatburner sein, weil es an der Bildung von bestimmten Hormonen und Gallensalzen beteiligt ist, die für eine gute Verdauung sorgen. Wichtig ist allerdings das richtige Fett: Es gibt sogenannte gesättigte Fette, das sind meist tierische Fette, die in rotem Fleisch, Butter, Käse, Wurst, Sahne aber auch in harten Fetten wie Kokos- oder Palmfett enthalten sind. Gesättigte Fette erhöhen den Cholesterinspiegel, verstopfen die Blutgefäße und können zu Herzerkrankungen führen. Gute Fette sind dagegen sogenannte einfach ungesättigte Fette. Sie können vom Körper genau wie Vitamine nicht selber hergestellt werden und sind daher lebenswichtig. Ungesättigte Fette stecken beispielsweise in Oliven-, Raps- und

Avocadoöl, in Nüssen, Samen und Fisch – nicht umsonst haben die Menschen in Mittelmeerregionen weniger Herzinfarkte als jene im übrigen Europa. Gewöhnen Sie sich einfach an, täglich mit diesen gesünderen Fetten zu kochen, und lassen Sie Butter, Margarine oder Butterschmalz links liegen.

Wie viel darf ich wiegen?

Früher errechnete man das Idealgewicht aus Körpergröße minus 100 minus 10 Prozent. Das ist heute passé, genauer ist der Body-Mass-Index (BMI). Mit einem Taschenrechner können Sie ihn ganz einfach ausrechnen:

$$BMI = \frac{\text{Körpergewicht in kg}}{(\text{Körpergröße in m})^2}$$

Heraus kommt eine Zahl, die Sie folgendermaßen deuten sollten:

BMI unter 19:   Untergewicht
BMI zwischen 19 und 25:   Ideal-Bereich
BMI zwischen 25 und 30:   leichtes bis deutliches Übergewicht
BMI über 31:   starkes Übergewicht bis Adipositas

Mein Blitz-Workout

Madonna hat eine Trainerin, die mit ihr den richtigen Gang übt. Claudia Schiffer gönnte sich einen Personal-Trainer, um nach ihren Schwangerschaften schnell wieder fit und schlank zu werden. Wem das Kleingeld für einen Personal-Trainer fehlt, dem bleibt nur der Gang ins Fitnessstudio. Doch oft fehlt leider die Zeit (manchmal auch die Lust), zwei- bis dreimal die Woche ins Fitnessstudio zu gehen. Bei mir kommt hinzu: Ich bin ganz und gar kein Sportfreak. Früher bin ich geritten und gejoggt, heute fehlt mir beim Spagat zwischen Job und Familie leider die Zeit dafür.

Doch so ganz ohne Bewegung fühle ich mich auch nicht wohl. Schließlich macht so ein Workout nicht nur einen schöneren Body, sondern produziert Glückshormone im Körper, stärkt das Immunsystem und sorgt so für einen guten Ausgleich zum Alltagsstress. Ich habe mir deshalb ein Workout maßgeschneidert, das ich zwischendurch in meinen Alltag integrieren kann. Denn schon morgens im Bad, auf dem Weg ins Büro, am Schreibtisch oder sogar im Flieger kann man fit werden.

Das sind meine Lieblingsübungen:

Workout für einen knackigen Po

Für einen schönen Po können Sie schon morgens im Bett trainieren. Legen Sie sich dazu auf den Rücken und stellen Sie die Fersen fest auf die Matratze. Die Füße sind angezogen. Heben Sie nun das Becken ganz langsam an, bis Sie ein deutliches Ziehen in der Po-Muskulatur spüren. Wichtig: Nur die Lendenwirbelsäule hebt sich von der Unterlage. Senken Sie das Becken dann wieder, ohne es abzulegen. Wiederholen Sie diese Übung zehnmal.

Towel-Wrapping im Bad

Nehmen Sie ein dickes Frotteehandtuch und rollen Sie es zu einer »Wurst« zusammen. Fassen Sie es mit beiden Händen und drehen Sie es mal rechts, mal links herum, als ob Sie Wasser daraus auswringen wollten. Das stärkt die Armmuskulatur und sollte in einem Durchgang zehnmal wiederholt werden.

Wadentraining beim Zähneputzen

Gehen Sie während des Zähneputzens auf die Zehenspitzen und senken Sie dann die Fersen wieder. Spazieren Sie dabei einfach in der Wohnung oder im Bad umher. Variieren Sie die Übung, indem Sie auf der Stelle stehen bleiben und beide Fersen gleichzeitig anheben oder bei jedem Schritt die Ferse zweimal hintereinander anheben.

Wake-up-Dusche

Diese belebende Dusche hilft gegen leichte Verspannungen im Nacken- und Rückenbereich. Stellen Sie sich unter die Dusche, die Füße hüftbreit auseinander, und die Knie sind leicht gebeugt. Lassen Sie den warmen Brausestrahl auf die Schultern regnen. Atmen Sie dann ein und beugen Sie sich leicht vor, Arme und Kopf dabei locker hängen lassen. Richten Sie sich so aus, dass der Strahl auf den Rücken trifft, atmen Sie aus und machen Sie einen Katzenbuckel. Gehen Sie beim anschließenden Einatmen ins Hohlkreuz.

Marching beim Kaffeekochen

Stellen Sie sich aufrecht hin, spannen Sie die Muskulatur von Bauch, Po und Rücken an. Halten Sie die Arme angewinkelt neben dem Körper, und marschieren Sie dann auf der Stelle. Rollen Sie die Füße von den Zehenspitzen bis zur Ferse ab, lassen Sie die Arme dabei locker gegengleich mitschwingen. Achten Sie darauf, den Oberkörper ruhig und aufrecht zu halten, und atmen Sie gleichmäßig ein und aus. Diese Übung zielt auf eine allgemeine Muskulaturstärkung des Rumpfes ab.

Dehnen in der Küche

Während der Kaffee durchläuft oder die Brötchen im Ofen backen, ist es Zeit für eine kleine Dehnübung in der Küche. Machen Sie einen Ausfallschritt und stützen Sie sich mit durchgestreckten Armen an der Wand ab. Strecken Sie das hintere Bein ganz durch, die Ferse bleibt am Boden,

*Schon morgens im Bad
kann man fit werden.*

das vordere Bein ist leicht gebeugt. Je größer der Ausfallschritt, desto intensiver ist die Dehnung. Halten Sie die Dehnung für rund 10 bis 20 Sekunden, spannen Sie dabei die Muskeln an Bauch und Po kräftig an.

Rücken-Power in der U-Bahn

Nutzen Sie die Zeit beim Zeitunglesen in der U-Bahn für eine kleine Rückenübung. Setzen Sie sich dafür ganz gerade hin, der Rücken berührt die Lehne, die Füße sind fest am Boden. Heben Sie jetzt Ihre Zeitung (oder Ihr Buch) bis auf Augenhöhe an. Bereits nach kurzer Zeit werden Sie die Anstrengung der Muskulatur von Armen und Schultern spüren. Senken Sie dann die Arme wieder und heben Sie sie beim Ausatmen erneut auf Augenhöhe an. Wiederholen Sie diese Übung drei- bis fünfmal hintereinander.

Armtraining mit dem Wasserkasten

Mit einem Sprudelkasten können Sie zwischendurch etwas für Ihre Fitness tun. Stellen Sie sich vor den Kasten und spreizen Sie die Beine so weit, dass der Kasten dazwischenpasst. Das Gesäß schieben Sie nach hinten unten, die Knie sind leicht gebeugt. Neigen Sie den Oberkörper nach vorne, greifen Sie den Kasten, strecken Sie die Beine durch und heben Sie dabei den Kasten nah am Körper bis zum Bauch an, senken Sie ihn dann langsam ab und heben ihn dann wieder an. Wiederholen Sie das Ganze 15 Mal.

Nackenentspannung im Auto

Falls Sie mit dem Auto im Stau oder an einer roten Ampel stehen, können Sie aktiv etwas gegen Nackenverspannungen tun. Setzen Sie sich ganz aufrecht ans Steuer, die Hände liegen locker auf dem Lenkrad, die Schultern nehmen Sie etwas zurück. Neigen Sie den Kopf leicht zur Seite und ziehen Sie beide Schultern nach unten. Verharren Sie rund zehn Sekunden in dieser Position. Neigen Sie den Kopf dann zur anderen Seite und wiederholen Sie die Übung pro Seite zwei- bis dreimal.

Brusttraining am Schreibtisch

Stellen Sie sich vor den Schreibtisch und stützen Sie die Hände mehr als schulterbreit auf der Tischplatte ab. Gehen Sie zwei oder drei Schritte zurück und beugen Sie die Arme langsam. Ihr Körper sollte dabei eine gerade Linie vom Kopf über die Wirbelsäule bis zu den Beinen bilden. Wiederholen Sie diese Übung am besten mehrfach am Tag mit jeweils 10 bis 15 Wiederholungen.

Haltung in der Warteschlange

Die meisten Menschen verraten durch ihre Haltung viel von ihrer inneren Einstellung. Achten Sie deshalb auf eine gute Figur, die Ihnen automatisch mehr Selbstbewusstsein schenkt. Stellen Sie sich am besten vor einen Spiegel, machen Sie den Rücken gerade und drücken Sie die Schultern dabei leicht nach unten hinten. Der Hals sollte lang gestreckt sein, das Kinn und der Blick gerade nach vorne zeigen. Po und Bauchmuskulatur sollten Sie dabei leicht anspannen.

Bein-Fit im Flieger

Wenn Sie länger im Flugzeug sitzen müssen, können Sie etwas für schöne Beine tun. Setzen Sie sich dafür aufrecht in Ihrem Sitz hin, beide Füße stehen fest auf dem Boden. Ziehen Sie dann die Fußspitzen hoch und drücken Sie die Fersen in den Boden. Die Oberschenkel- und Gesäßmuskulatur sollten Sie dabei fest anspannen. Machen Sie diese Übung jede Stunde mit jeweils 15 Wiederholungen.

Po-Training am Schreibtisch

Setzen Sie sich gerade hin und legen Sie den Unterschenkel des linken Beines auf den Oberschenkel des rechten. Der rechte Fuß steht fest auf dem Boden. Legen Sie die linke Hand auf das linke Knie. Beugen Sie dann den Oberkörper vor, bis Sie eine Dehnung spüren. Nicht dabei wippen, sondern langsam weiter dehnen. Wechseln Sie danach das Bein und wiederholen Sie die Übung dreimal pro Seite.

Meine Slim-Tricks

Sicher, der gute Wille zum Abnehmen und Fitwerden ist da. Doch das kleine Teufelchen im Kopf spielt uns oft einen Streich. Hier die besten Tricks, wie Sie Ihr Fitness & Food-Programm durchhalten:

Frustessen: Wenn Sie der Heißhunger überkommt, sollten Sie mal in sich reinhorchen, ob wirklich Appetit dahintersteckt oder ob Ihnen vielleicht etwas anderes fehlt. Fühlen Sie sich unglücklich? Rufen Sie eine Freundin an. Ist Ihnen langweilig? Gehen Sie eine Runde spazieren oder schnappen Sie sich ein spannendes Buch.

Appetitstopper: Lust auf irgendwas, aber Sie wissen nicht wirklich auf was? Kauen Sie langsam ein Stück trockenes Brot, das beruhigt die Geschmacksnerven, der Heißhunger lässt häufig nach.

Blaue Brille: Essen Sie von dunkelblauen oder schwarzen Tellern. Wissenschaftler haben herausgefunden, dass man dadurch automatisch kleinere Mengen zu sich nimmt.

Fitness-Kick: Sport regt die Bauspeicheldrüse dazu an, mehr Blutzucker zu produzieren. Dadurch bekommt das Gehirn das Signal »Nicht hungrig«.

Extra-Tipp: Fernseh-Fitness

Knabbereien wie Nüsschen oder Chips vor dem Fernseher sind tückisch: Durch die Ablenkung verliert man völlig den Überblick, wie viel man schon gegessen hat. Falls Sie den Fernseh-Snack brauchen: Stellen Sie sich Streifen von roher Gurke, Möhren und Stangensellerie samt einem fettarmen Joghurt-Knoblauch-Dip bereit. Auch gut: gesalzenes Popcorn mit wenig Fett.

Wassertrick: Trinken Sie eine halbe Stunde vor dem Essen ein Glas Mineralwasser. Es füllt den Magen etwas, man isst weniger.

Zähne zeigen: Wenn die Lust auf einen Schokoriegel unerträglich wird: Putzen Sie sich die Zähne mit einer Minzzahnpasta, schrubben Sie dabei auch die Zunge mit. Durch den angenehm frischen Geschmack im Mund vergeht der Heißhunger auf Süßes oft von allein. Falls Sie keine Zahnbürste zur Hand haben: Zuckerfreier Kaugummi tut's auch.

Dunkelkammer: Helles Licht aktiviert den Appetit. Dimmen Sie deshalb das Licht beim Essen etwas runter oder speisen Sie abends einfach ganz romantisch bei Kerzenlicht.

Duftdoping: Bestimmte Düfte signalisieren dem Gehirn: Der Magen ist voll. Schnuppern Sie einfach an Pfefferminz- oder Zitronen-Öl. Auch gut: der Duft von grünen Äpfeln.

Fettnäpfchen: Nehmen Sie statt normaler Sahne Kaffeesahne zum Abschmecken von Soßen. Sie enthält rund zwei Drittel weniger Fett. Pinseln Sie zum Braten die Pfanne hauchdünn mit Fett ein. Und ersetzen Sie die Hälfte des Öls für Salatsoßen durch Gemüsebrühe.

Richtiger Start: Beginnen Sie eine Ernährungsumstellung zum richtigen Zeitpunkt, sonst sind Fehlschläge programmiert. Am besten ist der Zeitpunkt kurz nach der Menstruation. Dann haben die Östrogene die Oberhand, man fühlt sich fit, ausgeglichen, willensstark, und der Körper lagert nicht so leicht Wasser ein.

Slim-Wunder: Essen Sie abends vor dem Schlafengehen etwas Eiweißhaltiges (Pute, Tofu) und trinken Sie den Saft einer ausgepressten Zitrone dazu. Diese Kombination sorgt dafür, dass der Körper über Nacht verstärkt Hormone bildet, die das Fett schmelzen. Außerdem wird verstärkt Fett in den Zellen verbrannt.

Ayurveda-Trick: Trinken Sie über den Tag verteilt mehrere Tassen heißes Wasser. Nach Meinung von Ayurveda-Ärzten entwässert es nämlich doppelt so stark wie kaltes Wasser. Laut einer US-Studie soll es sogar den Heißhunger auf Süßes stoppen.

Fett weg mit Artischocken: Artischocken sind echte Fettkiller. Sie regen Galle und Leber an, Fette schneller zu verdauen. Deshalb nach einem üppigen Essen immer ein Glas Artischockensaft oder eine Tasse Artischocken-Tee trinken.

Protein-Power: Wenn Sie abends noch etwas vorhaben und unbedingt in Ihr knappes Schwarzes ohne Blubberbauch passen möchten: Essen Sie tagsüber wenig Kohlenhydrate. Denn sie verhalten sich wie ein Schwamm und speichern Wasser. Besser auf Eiweißhaltiges wie Fisch setzen.

Geteilt durch vier: Füllen Sie grundsätzlich drei Viertel Ihres Tellers mit Gemüse oder Obst und nur ein Viertel mit Fleisch oder Milchprodukten.

Dünner, bitte: Lassen Sie sich Aufschnitt an der Wursttheke grundsätzlich hauchdünn aufschneiden, so sparen Sie eine Menge versteckter Kalorien ein.

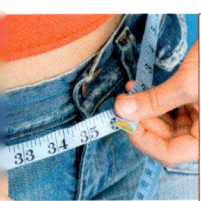

Hunger nach Liebe oder Wenn Essen zur Krankheit wird

Es trifft Mädchen und Frauen aus allen Schichten, jeden Alters und in jeder Lebenslage: Essstörungen. Prinzessin Victoria von Schweden bekannte sich dazu. Meine Kollegin Gundis Zambo hat sich geoutet, und auch die Tochter von Schauspieler Horst Janson leidet seit Jahren darunter. Nach einer Studie der Universität Jena zeigten 29 Prozent der untersuchten Schülerinnen erste Anzeichen einer Essstörung. Bei 35 Prozent waren Vorformen dieser schwer therapierbaren Erkrankung erkennbar, 14 Prozent wiesen diesbezüglich ein großes Risiko auf.

Als Hauptursache sehen die Forscher ein gestörtes Verhältnis zum eigenen Körper. Studienleiter Professor Bernhard Strauß: »Viele Frauen haben die realistische Wahrnehmung ihres Körpers verloren und die Zufriedenheit mit ihrer Figur verlernt.« So

schätzten sich 42 Prozent der Schülerinnen selbst als überge-
wichtig ein, obwohl nur acht Prozent wirklich zu viel wogen.
Umgekehrt waren 33 Prozent der jungen Frauen untergewichtig,
aber nur sechs Prozent waren sich dessen auch bewusst.
Das Münchner Therapie-Zentrum für Essstörungen hat noch
erschreckendere Zahlen parat: Demnach macht schon jedes vier-
te Mädchen unter den 7- bis 10-jährigen Mädchen von Zeit zu
Zeit eine Diät, bei den bis 15-jährigen jedes zweite. Etwa 90
Prozent der weiblichen Teenager wollen abnehmen, die aller-
meisten von ihnen definieren anhand von Fotos ein Gewicht am
attraktivsten, das deutlich unterhalb des Normalgewichts liegt.
Vielen Frauen sieht man überhaupt nicht an, dass sie unter einer
Essstörung leiden. Essgestörte sind häufig weder besonders dünn
noch besonders dick – aber sie alle haben einen gestörten Um-
gang mit dem Essen. Nicht jede Frau, die schon mehrere Diäten
hinter sich hat und auf ihre Figur achtet, ist übrigens essgestört.
Wenn allerdings die Gedanken den ganzen Tag um das Thema
Nahrung und Kalorienzählen kreisen, der Zeiger der Waage über
die persönliche Tagesform entscheidet und Lebensmittel in gute
und schlechte aufgeteilt werden, ist das meist der Beginn einer
Essstörung. Rund vier Millionen Frauen in Deutschland sind
davon betroffen, aber auch 100 000 Männer zeigen ein krank-
haftes Essverhalten. Experten unterscheiden zwischen drei verschiedenen Essstörungen:
Magersucht, auch als Anorexie beziehungsweise Anorexia nervosa bezeichnet, ist besonders bei Mädchen und Frauen zwischen
12 und 25 verbreitet, aber auch immer mehr ältere Frauen leiden
darunter. Bei Magersüchtigen kreist das gesamte Denken um
Essen, neue Diäten und Kalorien. Sie verweigern fast jegliche
Nahrung mit dem Wunsch, immer noch dünner zu werden.

Manche Magersüchtige lebt den ganzen Tag von einer Flasche Wasser und einem Apfel.

Um das Gewicht noch weiter zu senken, nehmen Magersüchtige oft zusätzlich Appetitzügler, Abführmittel oder Entwässerungsmittel (Diuretika) ein, viele von ihnen sieht man auch an den Ausdauergeräten im Fitnessstudio, um jede Kalorie möglichst ungeschehen zu machen. Selbst wenn sie schon gefährlich dünn sind, fühlen sich Magersüchtige immer noch fett – die meisten wissen nicht einmal, dass sie krank sind, Hungergefühle werden verleugnet. Bei magersüchtigen Mädchen und Frauen schwinden nach und nach alle weiblichen Formen, die Knochen an Schulterblättern, Gelenken und Hüften werden deutlich sichtbar. Oft verlieren sie innerhalb weniger Monate bis zu 25 Prozent ihres Körpergewichts. Durch das extreme Untergewicht verändert sich das Hormonsystem und damit der ganze Stoffwechsel. Oft bleibt die Periode aus, die Betroffenen sind zeitweise unfruchtbar. Durch den extremen Gewichtsverlust sind Magersüchtige im fortgeschrittenen Stadium ihrer Krankheit nicht selten müde und gereizt und haben Konzentrationsprobleme in Schule, Uni oder Beruf. Viele ziehen sich in ihre eigene Welt zurück, verlieren Kontakt zu Freunden und ihrer Familie. Die meisten verweigern jegliche Hilfe. Oft kommt die Einsicht erst, wenn das Untergewicht lebensbedrohlich wird, einige Magersüchtige müssen in der Klinik sogar zwangsernährt werden. Für zehn Prozent aller Magersüchtigen endet die Krankheit mit dem Hungertod. Die anderen kommen aus dem Teufelskreis meist nur durch eine monatelange stationäre Therapie mit anschließender jahrelanger ambulanter Behandlung wieder heraus.

In die Ess-Brech-Sucht, auch Bulimie oder Bulimia nervosa genannt, manövrieren sich viele Frauen durch eine Diät hinein.

Wenn der Hunger in einer Diätphase zu groß wird, vergessen manche Frauen plötzlich alle guten Vorsätze und bekommen regelrechte Fressattacken. Bis zu 30 000 Kalorien verschlingen bulimische Frauen dabei oft, und zwar völlig wahllos. Dabei spüren und schmecken sie die Speisen nicht mehr, können aber mit dem Schlingen und Stopfen nicht aufhören. Um eine Gewichtszunahme zu verhindern, beginnen Bulimikerinnen irgendwann damit, sich nach den Ess-Anfällen den Finger in den Hals zu stecken und zu erbrechen. Manche nehmen auch zusätzlich Abführmittel, Appetitzügler oder harntreibende Mittel ein. Die Anfälle finden meist heimlich statt, in der Öffentlichkeit geben sich Bulimikerinnen meist sehr diszipliniert. Nach außen hin wirken sie oft völlig normal. Die meisten sind normal schlank, wirken integer, freundlich, sind eher extrovertiert und sehr gepflegt.

Ihr Innenleben sieht allerdings ganz anders aus: Nach den Fress-Brech-Attacken sind die Frauen meist körperlich erschöpft und haben ein schlechtes Gewissen. Sie fühlen sich als Versagerinnen und ekeln sich vor sich selbst. Bulimikerinnen sind quasi im permanenten Kampf mit sich selbst und versuchen immer wieder, ihren Körper unter Kontrolle zu bringen, zu dem sie meist ein gespaltenes, geradezu feindseliges Verhältnis haben. Einerseits lehnen sie ihn ab und finden sich hässlich, andererseits sehnen sie sich nach Liebe und Bewunderung als Frau. Durch die Fressanfälle versuchen Sie diese widersprüchlichen Gefühle zu kompensieren. Die permanenten Ess-Brech-Anfälle sind jedoch nicht nur anstrengend, sondern können auch zu gravierenden körperlichen Problemen führen: Bulimikerinnen leiden oft unter Zahnschäden und Entzündungen der Speiseröhre, außerdem können durch den Mineralstoffverlust Herzrhythmusstörungen und Kreislaufprobleme entstehen.

Face
und Falten

Auch wenn man es mir vielleicht nicht abnimmt: Ich bin keine Frau, die sich in jedem Spiegel und jedem Schaufenster kritisch begutachtet. Aus beruflichen Gründen schaue ich mich natürlich dennoch täglich im Spiegel an, spätestens am Nachmittag vor der Sendung in der Maske. Und natürlich ist im Laufe der 15 Jahre, in denen ich die Sendung »Exklusiv« nun schon moderiere, das eine oder andere Fältchen hinzugekommen. Um die Augen herum habe ich einige neue Lachfältchen »gezüchtet«, und auch die eine oder andere durchwachte Nacht mit den Kindern hat Spuren hinterlassen. Dennoch schrecken mich diese Zeichen der Zeit (noch) nicht. Und eigentlich möchte ich bei der quälenden Suche nach der ewigen Jugend auch gar nicht mitmachen. Die Menschen um mich herum altern schließlich auch alle. Sicher möchte ich möglichst lange schön, glatt und straff bleiben, doch nicht um jeden Preis – und schon gar nicht um den, dass ich dafür meine Gesundheit opfere.

Doch auch wenn ich bisher nur wenige Falten habe, ist allerdings auffällig, dass meine ohnehin sensible Haut im Laufe der vergangenen 20 Jahre deutlich trockener, dünner und noch empfindlicher geworden ist. Ganz normal, sagt meine Frauenärztin. Ab 40 schwindet allmählich das Unterhautfettgewebe, die Fasern des Bindegewebes verlieren an Spannkraft. Besonders schön war meine Haut übrigens während der beiden Schwangerschaften (was ja bei vielen Frauen so ist). Sie wirkte sehr rosig, prall, strahlend und rein – eine schöne Folge der Mixtur aus Hormonen, Wassereinlagerungen und vermehrter Durchblutung während dieser Zeit.

Lediglich meine Haare haben in dieser Zeit meinen Maskenbildner in den Wahnsinn getrieben. Da sie während der Schwangerschaft meist vermehrt sprießen, hatte ich plötzlich ganz viele Stoppeln auf dem Kopf. Da meine Haare von Natur aus ziemlich kräftig sind, standen die neuen Haare wie kleine Antennen vom Kopf ab. Mein Visagist hatte große Mühe, sie mit Haarspray und Wachs täglich zu bändigen.

Dem Altern auf der Spur

Im dem Hollywood-Film »Der Tod steht ihr gut« verkauft Isabella Rosselini der dem Jugendwahn verfallenen Meryl Streep das Serum der ewigen Jugend. Ein Tropfen der magischen Essenz – und schon glätten sich die Falten, der Po gehorcht nicht mehr den Gesetzen der Schwerkraft, und der Busen wirkt wie von einem Wonderbra gehalten.

Ein solches Elixier für ewige Jugend gibt es in der Realität bekanntermaßen nicht, doch Wissenschaftler wissen heute immerhin ungefähr, warum wir das Altern nicht aufhalten können und welche Prozesse das Gewebe erschlaffen lassen.

Der Zell-Countdown: Bei jeder Teilung muss die Zelle ihre Erbsubstanz, die in den Chromosomen gespeichert ist, identisch verdoppeln. Eine wichtige Rolle spielen dabei sogenannte Telomere, die Endstücke der Chromosomen. Sie verkürzen sich bei jeder Zellteilung. Wenn alle Telomere verbraucht sind, stirbt die Zelle. Hautzellen haben zwar gegenüber anderen Körperzellen den Vorteil, dass sie sich bis ins hohe Alter erneuern können, letztendlich ist aber auch ihre Lebensdauer begrenzt.

Die Aging-Uhr: Im Zwischenhirn sitzt ein Organ des Nervensystems, der Hypothalamus. Er steuert zusammen mit der Hirnanhangdrüse die Funktionen aller Organe, das Wachstum und die Entwicklung des gesamten Organismus sowie den Stoffwechsel. Mit den Jahren lässt seine Funktionsfähigkeit nach, er arbeitet weniger beständig, der Mensch altert.

Die Fehler-Meldung: Viele Wissenschaftler gehen auch von der Annahme aus, dass Fehler auf der DNA, die im Laufe des Lebens durch verschiedenste Faktoren entstehen, stetig weitergegeben werden. Ab einem bestimmten Punkt ist die Zahl der Fehlfunktionen einfach nicht mehr zu reparieren – und der Mensch stirbt.

Den Aging-Prozess bekommen natürlich nicht nur die inneren Organe zu spüren, gerade an der Haut zeigen sich die Zeichen der Zeit besonders deutlich. Was nur wenige wissen: Bereits ab dem zwanzigsten Lebensjahr tickt die Altersuhr. Zunächst natürlich nur sehr, sehr langsam, aber dennoch merklich. Meist beginnt es mit feinen Fältchen um die Augen herum. Ab 30 sehen wir es dann mehr oder weniger deutlich: weniger Muskeln, mehr Fett, weniger Hautelastizität, fahleres Aussehen und weniger Energie. Und irgendwann blickt man morgens in den Spiegel – und erschrickt ganz fürchterlich. Die feinen Lachfältchen um die Augen scheinen plötzlich ausgewachsene Krähenfüße zu sein, und die Nasolabialfalte war auch noch nie so tief.

Wie deutlich diese Anzeichen allerdings in welchem Alter hervortreten, ist sehr unterschiedlich und hängt von verschiedenen Faktoren ab. Interessant dabei: Die meisten Frauen um die 50 entsprechen in ihrem Aussehen nicht ihrem tatsächlichen Alter. Entweder wirken sie wesentlich jünger oder aber deutlich älter.

Die chronologische Hautalterung ist uns also genetisch und organisch leider in die Wiege gelegt. Forever young ist deshalb momentan nur ein schöner Traum, und daran soll sich laut Ansicht der meisten Forscher auch in den nächsten Jahrzehnten nur wenig ändern. Im Laufe des Lebens macht der Körper nämlich genau festgelegte Prozesse durch, etwa den Abbau von Kollagenfasern oder die Verlangsamung der Östrogenproduktion. Dieses chronologische Altern trifft vor allem die unter der Oberhaut gelegene Lederhaut, in der die elastischen und kollagenen Fasern sowie Blutgefäße, Nerven, Haarwurzeln und Drüsen sitzen.

Die gute Nachricht: Nur zu rund 25 Prozent ist die Lebenserwartung von den Genen abhängig, zu 75 Prozent ist jeder selbst dafür verantwortlich, wie schnell und vor allem wie gesund er altert – Umwelteinflüsse und Lebensumstände spielen eine große Rolle.

Die Feinde unserer Haut

Normalerweise kann sich die Haut recht gut selbst schützen – durch die sogenannte Barriereschicht an der Hautoberfläche. Ähnlich einer Mauer besteht sie aus Hornzellen, die durch eine Art Mörtel, nämlich die Lipide (Fette), zusammengehalten werden. Diese wasserundurchlässige Schicht sorgt für die Speicherung von Feuchtigkeit. Zudem liegt die Oberfläche der Haut mit einem pH-Wert von 4,8 bis 6 im leicht sauren Bereich. Fett- und Säureschutzmantel zusammen schützen die Haut vor Bakterien, Viren und Pilzen sowie vor Austrocknung. Bekommt diese Barriereschicht jedoch durch zu viele äußere Feinde oder falsche Behandlung feinste Risse, kann sie ihre Aufgabe nicht mehr ausreichend wahrnehmen. Die Folge: der Verlust von Feuchtigkeit, Trockenheitsfältchen, Unreinheiten, Rötungen, Reizungen bis hin zu Ekzemen.

Die Sonne ist leider der Hautfeind Nr. 1. Sowohl die langwelligen UVA- als auch die UVB-Strahlen schaden der Haut. Bereits nach 7 bis 14 Minuten setzt die UVA-Strahlung bei einem Mitteleuropäer mit normal empfindlicher Haut einen unaufhaltsamen Alterungsprozess in Gang. Die UVA-Strahlen dringen bis tief in die Basalzellschicht ein und stören dort die Neubildung von Bindegewebszellen, die Haut wird dünner und faltiger.

Die UVA-Strahlung fördert zudem die Bildung freier Radikale, von denen in diesem Buch bereits mehrfach die Rede war. Zugleich gehen die UVB-Strahlen ans Werk: Sie verletzen die Hautzellen, wenn der schützende Melaninmantel der Haut oder der Lichtschutzfilter in der Sonnencreme nicht dick genug ist. Die Zellen entzünden sich, die Haut wird rot – der Sonnenbrand ist da. Bleibt der Mensch weiterhin in der Sonne, dringen die UVB-Strahlen sogar bis in den Kern der Hautzellen vor und schädigen dort die Erbsubstanz, die DNA. Kleinere DNA-Verletzungen kann der

Organismus innerhalb von 24 Stunden selber reparieren. Eine anhaltende UV-Belastung kann jedoch zu Hautkrebs führen.

Übrigens: Auch das Solarium schädigt die Haut. In einer Studie wurden Hautstellen von Probanden über mehrere Wochen lang täglich 30 Minuten mit UVA-Licht bestrahlt. Nach der Bestrahlung wiesen die zuvor intakten Hautzellen deutliche negative Veränderungen auf. Man konnte sogar erhebliche Zellschäden bei Leuten nachweisen, deren letzter Solariumsbesuch bereits eineinhalb Jahre zurücklag.

Auch Nikotin, Alkohol und wenig Schlaf machen unserer Haut zu schaffen. Nikotin und Alkohol fördern genau wie die UV-Strahlen die Bildung freier Radikale, die die Zellen zerstören. Nikotin schränkt zudem die Durchblutung der obersten Hautschichten ein, die Haut erscheint fahl und grau. Außerdem entzieht jede Zigarette dem Körper Vitamin C, das vom Körper dringend zur Abwehr der freien Radikalen und zum Aufbau des Bindegewebes gebraucht wird. Nikotin und Alkohol fördern außerdem Knitterfältchen und rote Äderchen (Couperose), denn sie entziehen der Haut Feuchtigkeit, verlangsamen den Stoffwechsel und führen zu erweiterten Gefäßen. Ebenfalls wichtig für eine strahlende, gesunde Haut ist ausreichend Schlaf. Denn in der Nacht erneuern sich die Zellen achtmal schneller als am Tag, Hautschäden werden im Eiltempo repariert. Bei langfristigem Schlafmangel lagert sich im Bindegewebe Zellmüll an, die Hauterneuerung wird behindert, die Haut wirkt fahl und müde. Zudem wird die Regulierung des Feuchtigkeitshaushaltes gestört, die Haut trocknet aus und zeigt feine Knitterfältchen.

Kleine Schaumschläger

Ich habe eine sehr empfindliche Haut, die leider für die Sendung auch noch mit viel Make-up traktiert wird. Meine tägliche Pflege muss deshalb besonders sanft sein. Zum Abschminken benutze ich am liebsten eine sahnige Reinigungsmilch, die auch stärkeres Make-up rückstandslos beseitigt. Auf Reisen finde ich Reinigungstücher äußerst praktisch: So kann im Koffer nichts auslaufen, sie entfernen auch Augen-Make-up und die kleinen Tüchlein finden selbst in der kleinsten Beauty-Bag Platz. Vor einigen Jahren habe ich von einer Kosmetikerin die Technik des Splashens nach Erno Laszlo kennengelernt (siehe Seite 114). Ich finde sie hervorragend, wenn die Haut grau und müde aussieht oder wenn man morgens die Augen einfach noch nicht aufbekommt. Das ganze Gesicht sieht danach schön rosig wie nach einem Spaziergang am Meer aus.

Hier ein kurzer Überblick über die verschiedenen Beauty-Experten, die Make-up sanft, aber gründlich vom Teint wischen.

Express Cleanser

Wer abends keine Lust auf eine lange Abschminkzeremonie hat, ist mit Express- oder Two-in-one-Cleansern gut bedient. Manche enthalten sanfte Öle, die das Make-up blitzschnell lösen, andere funktionieren auf Wasserbasis. Die Cleanser klären die Haut gleichzeitig wie ein Toner mit Hamamelis- oder Moringasamen-Extrakten. Je nach Produkt werden die Blitz-Cleanser geschüttelt und auf ein Wattepad gegeben. Damit sanft über das Gesicht streichen und eventuell mit einem zweiten getränkten Pad nachreinigen. Abspülen ist nicht nötig.

Abschminköl

Für marokkanische Frauen ist es seit Jahrhunderten ein wohlgehüteter Beauty-Schatz: Arganöl. Das kostbare Öl aus dem Samen des gleichnamigen Baumes stammt aus dem Atlas-Gebirge und enthält besonders viele hochwertige ungesättigte Fettsäuren. Es ist als Gesichtspflege, aber auch zur Reinigung hervorragend geeignet. Die ungesättigten Fette sind den natürlichen Hautfetten sehr ähnlich und werden deshalb besonders gut von trockener und sensibler Haut vertragen. Selbst Neurodermitikerinnen können von der Wirkung des orangefarbenen, zart nussig duftenden Öls profitieren: Es lindert den quälenden Juckreiz, lässt Rötungen abklingen und beruhigt die Haut.

Liv Tyler, Schauspielerin:

Müde, geschwollene Augen kommen am Film-Set gar nicht gut. Mein SOS-Trick: Entweder eine eisgekühlte Gelmaske für fünf Minuten auf die Augen legen oder ein Wattepad mit kalter Milch oder kaltem Grüntee tränken und für zehn Minuten auf die geschlossenen Lider legen. Danach ist der Blick wieder wach, Rötungen sind verschwunden und die Schwellung gelindert.

Reinigungsmilch

Ihre Haut ist normal bis trocken, Sie benutzen relativ viel Make-up und möchten einen Schonwaschgang? Dann ist für Sie eine Reinigungsmilch ideal. Staub und Foundation werden hier mit sahnigen Öl-in-Wasser-Emulsionen mit hochwertigen pflanzlichen Ölen gelöst. Gesichtsmilch auf die trockene oder leicht feuchte Haut geben, in kreisenden Bewegungen verteilen und mit einem Wattepad abnehmen.

Gesichtsseife

Sie lieben kleine Schaumschlachten und benutzen nur ein leichtes Make-up? Dann greifen Sie zur Gesichtsseife – dem Reinigungshit in den USA. Anders als »normale« alkalische Seifen sind Gesichtsseifen dem pH-Wert der Haut angepasst und enthalten zudem noch hautverwandte Rückfetter wie Kokos- oder Palmkernöl. Je nach Inhaltsstoffen sind sie für trockene bis stark ölige Haut geeignet. Lediglich sehr sensible Hauttypen reagieren manchmal gereizt auf diese Schaumschläger.

So geht's: Haut anfeuchten, Seife in der Hand aufschäumen, mit kreisenden Bewegungen einmassieren und mit viel Wasser abspülen.

Reinigungscreme

Falls Ihre Haut eine echte Trockenzone ist und von Zeit zu Zeit empfindlich reagiert, heißt die Lösung: Reinigungscreme. Die üppig-sah-
nigen Texturen gleiten herrlich geschmeidig über die Haut, umhüllen
Make-up und Schmutzpartikelchen und werden zum Schluss einfach
mit einem Tissue entfernt. Wer mag – und es verträgt –, kann danach
noch mit Wasser nachreinigen. Reinigungscremes enthalten neben haut-
affinen Pflanzenölen wie Jojobaöl oder Shea-Butter Wirkstoffe wie
straffenden Mandelkernextrakt oder Zellschützer wie Vitamin A und E.

Reinigungsschaum

Gehören Sie zu den glücklichen Frauen mit normaler Haut? Schön fein-
porig, nicht zu fett und nicht zu trocken? Dann sind Sie die perfekte
Kandidatin für Reinigungsschaum. Die transparente Flüssigkeit im
Spender verwandelt sich auf Knopfdruck in einen feinen, sanften
Schaum, der den Teint sanft, aber gründlich von Ballast befreit. Den
Schaum mit reichlich lauwarmem Wasser abspülen.

Reinigungsfluid

Wenn die Haut auf jeden Reiz von außen wie eine kleine Mimose reagiert, braucht sie eine SOS-Pflege. Spezielle Reinigungsfluids für empfindliche Haut kommen ohne Emulgatoren sowie Duft- und Konservierungsstoffe aus und sind zum Reinigen von Gesicht und Augen gleichermaßen geeignet. Sie enthalten reizlinderndes Thermalwasser sowie
Rosenextrakte und wirken damit Irritationen und Spannungsgefühlen
entgegen. Einfach mit den Fingerspitzen auf die trockene Haut auftragen und mit einem Wattepad abnehmen (ohne zu reiben). Wer's frischer
mag: Reinigungsfluids lassen sich auch mit Wasser entfernen.

Waschgel

Fettige und Mischhaut braucht schon beim Reinigen einen Löschblatt-Effekt. Klare Waschgele geben zum einen ein herrliches Gefühl von Frische und mattieren die Haut, ohne sie dabei auszutrocknen. Sind zusätzlich exfoliierende und antibakterielle Substanzen wie Frucht- oder Salicylsäure darin enthalten, haben Mitesser und Unreinheiten wenig Chancen. Reinigungsgele werden immer auf der feuchten Haut aufgeschäumt und mit viel (!) lauwarmem Wasser abgespült (das ist wichtig, damit keine Reste auf der Haut bleiben, die zu Trockenheit führen können).

Reinigungstücher

Praktisch auf Reisen oder im Fitnessstudio: Reinigungstücher. Sie sind getränkt mit milden Reinigungssubstanzen und wirken durch ihre Struktur zudem wie ein ganz sanftes Peeling. Einfach mit dem Tuch über die Haut fahren, bei stärkerem Make-up mit einem zweiten Tuch nachreinigen – fertig. Reinigungstücher gibt es abgestimmt auf unterschiedliche Hauttypen.

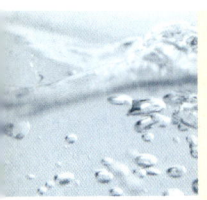

Mein Extratipp: Splash-Technik nach Erno Laszlo

Der ungarische Dermatologe Dr. Erno Laszlo begeisterte schon Stars wie Greta Garbo oder Marilyn Monroe mit seiner Splash-Technik. So funktioniert sie: Reinigen Sie Ihr Gesicht wie gewohnt, lassen Sie dann das Waschbecken mit relativ heißem Wasser volllaufen. Schaufeln Sie sich das Wasser mit beiden Händen 20-mal ins Gesicht. Wiederholen Sie das Ganze noch einmal mit fließendem, sehr warmem Wasser. Durch das Splashen sollen die Durchblutung angeregt, die Kollagenproduktion gefördert und Schadstoffe ausgeleitet werden. Wichtig: Splashen Sie nicht, wenn Sie zu erweiterten Äderchen neigen.

Schöne Haut in jedem Alter

Jedes Alter hinterlässt Spuren auf der Haut und seine ganz speziellen Zeichen der Zeit. Das bedeutet umgekehrt, dass man in den verschiedenen Lebensabschnitten unterschiedliche Anti-Aging-Maßnahmen ergreifen muss, um dem Zahn der Zeit ein Schnippchen zu schlagen.

Mit 20: Alles geht glatt

Anfang 20 haben die meisten Frauen eine wunderbare Haut: klar, rosig, prall und glatt. Das liegt daran, dass Fett und Feuchtigkeit in der Haut in einem gesunden Gleichgewicht sind und die Durchblutung perfekt funktioniert – wenn Sie nicht rauchen! Ab Mitte 20 drosseln dann allerdings die Fasern des Bindegewebes schon ihre Arbeit, erste Fältchen können sich zeigen. Da auch die Talgproduktion leicht abnimmt, wird die Haut trockener. Frauen, die bisher sporadisch unter Pickeln gelitten haben, können sich darüber freuen.

Pflege: Feuchtigkeit ist jetzt die Basis jeder Pflege, denn Wasser fehlt junger Haut besonders. Wichtig sind wasserbindende Substanzen in Cremes wie Milchsäure, Urea (Harnstoff), Aloe vera oder Hyaluronsäure. Sie steigern den Feuchtigkeitsgehalt in der Hornschicht, sorgen so dafür, dass Trockenheitsfältchen weniger Chancen haben. Eine leichte Augencreme ist ab Mitte 20 übrigens kein überflüssiger Luxus, weil die Haut an dieser Stelle besonders dünn und empfindlich ist und deshalb schneller knittert. Falls das eine oder andere Pickelchen Ihnen noch das Leben schwermacht: Kosmetikprodukte mit Alpha-, Beta- oder Poly-Hydroxysäuren lösen überschüssige Verhornungen. Tabu sollte Teenie-Kosmetik sein, die manchmal zu aggressive Substanzen und zu viel Alkohol enthält. Das kann erwachsene Haut zu sehr austrocknen.

Mit 30: Erste Zeit-Zeichen

Die Haut zeigt jetzt erste Ermüdungserscheinungen – besonders, wenn die Nacht lang war oder ein Glas Wein zu viel getrunken wurde. Feine Knitterfältchen, Augenringe oder auch Schwellungen sind die sichtbaren Zeichen dieser Überanstrengung. Die Fettproduktion ist um 30 Prozent geringer als noch mit 20, die ersten elastischen Fasern im Bindegewebe beginnen schlaffer zu werden. Auf der Stirn treten die ersten Mimikfältchen auf. Auch die Zellteilung wird träger: Statt 28 Tage dauert es jetzt etwa 40 Tage, bis sich die oberste Hautschicht komplett erneuert hat. Die Zellen müssen also härter arbeiten, um Schäden auszugleichen. Vorzugsweise tun sie das übrigens in der Nacht – ausreichend Schlaf und eine gute Nachtpflege sind deshalb ein Muss.

Pflege: Setzen Sie in Sachen Tagespflege auf sogenannte Antioxidantien wie Vitamin C, E, grünen Tee oder auch Ginkgo-Extrakte. Diese Wirkstoffe bekämpfen freie Radikale, die Hautfeinde Nr. 1. Gut sind auch Cremes mit Energie-Effekt, die die erlahmte Kollagensynthese wieder ankurbeln und die Haut so straffer und frischer aussehen lassen.

Mit 40: Wake-up-Call ist wichtig

Jetzt wird die Zellteilung deutlich träger, die Durchblutung und damit auch die Sauerstoffversorgung der Zellen nehmen von Jahr zu Jahr rapide ab. Raucherinnen spüren das ganz besonders, ihre Haut sieht schnell müde und grau aus. Denken Sie daran: Zehn Zigaretten am Tag beschleunigen die Hautalterung um 80 Prozent! Auch die Ceramide, die Kittsubstanz zwischen den Zellen, werden weniger. Dadurch wird der Schutzschild der Haut, die sogenannte Barriereschicht, zunehmend löchriger und damit durchlässiger, die Haut schutzloser und auch empfindlicher. Rote Äderchen an den Nasenflügeln und Wangen können auftreten, es zeigen sich erste Knitterfältchen an Oberlippe und Dekolleté.

Pflege: Das Beste, was Ihrer Haut jetzt passieren kann, ist der Wirkstoff Vitamin A. Die Bildung von kollagenen Fasern wird wieder angeregt, die Aktivität der müder werdenden Hautzellen wird stimuliert, Trockenheitsfältchen werden reduziert. Besonders wirksam ist Vitamin A in Kooperation mit den Vitaminen E oder C. Noch effektiver und deshalb auch verschreibungspflichtig ist die Vitamin-A-Säure, ein Medikament, das ursprünglich gegen Akne eingesetzt wurde. Sie beschleunigt die Zellteilung und lässt die Haut wieder straffer, rosiger und somit jünger aussehen. Cremes mit diesem Wirkstoff können Sie je nach Empfindlichkeit Ihrer Haut in unterschiedlichen Konzentrationen vom Dermatologen auf Rezept bekommen. Und: Denken Sie unbedingt an einen guten Sonnenschutz, denn UV-Strahlen sind die schlimmsten Feinde der Haut. Benutzen Sie eine Tagescreme oder ein Make-up mit integriertem Lichtschutzfilter und meiden Sie möglichst Solarien oder stundenlanges Liegen in der prallen Sonne. Verwenden Sie im Urlaub und generell im Sommer – besonders für die sogenannten Sonnenterrassen wie Dekolleté, Stirn und Nase – einen Sunblocker (Lichtschutzfaktor 30 und höher) und für den übrigen Körper eine Sonnencreme mit hohem Lichtschutzfaktor von mindestens 15 und darüber. Auch damit wird man braun – allerdings wesentlich hautschonender und damit faltenfreier.

Mit 50: Kleine Durchhänger

Mit Beginn der Wechseljahre ändert sich im weiblichen Körper der Hormonspiegel deutlich. Durch den Östrogenmangel wird die Haut jetzt zunehmend trockener, Fältchen werden zu Falten, weil auch die Polstersubstanz Kollagen im Bindegewebe immer stärker abbaut. Auch die elastischen Fasern geben weiter nach, das Gesicht wird zunehmend faltiger und schmaler, die Konturen verschwimmen. Bei den meisten Frauen graben sich nun Nasolabialfalten tief ein, außerdem wird der Hals knittriger. Viele Frauen um die 50 neigen zu Couperose, also zu feinen erweiterten Äderchen an den Nasenflügeln und Wangen.

Pflege: Für die Haut der 50plus-Generation heißt die Zauberformel nun »Sanfte Hilfe zur Selbsthilfe«. Wichtig sind hierbei Wirkstoffe wie beispielsweise Hefe-Extrakte, die den Energieaustausch, sprich den Nährstofftransport zwischen Leder- und Oberhaut, ankurbeln sollen. Das führt dazu, dass die Haut wieder mehr stützendes Kollagen bildet und dadurch deutlich straffer, praller und jünger wirkt. Gegen Couperose gibt es außerdem spezielle Cremes, die die erweiterten Gefäße festigen sollen; noch effektiver ist freilich eine Behandlung mit dem Laser.

Kim Basinger, US-Schauspielerin:

Ich mache seit kurzem Werbung für einen großen Beauty-Konzern. Das beweist, dass man auch als Frau von Mitte 50 noch vorzeigbar schön und mindestens so attraktiv ist wie ein 20-jähriges Model. Mein absolutes Schönheitselixier ist das Lachen, das ist sehr wichtig für mich. Wer negativ, verbittert und hasserfüllt durchs Leben geht, wirkt eben nicht schön. Meine rosige Haut verdanke ich einem Saunagang pro Tag. Ich habe zuhause eine kleine Infrarotsauna, in der ich morgens zehn Minuten entspanne. Das reinigt die Poren, man fühlt sich danach wie neugeboren.

Mit 60: Jetzt darf's etwas mehr sein

Der Östrogenspiegel hat inzwischen seinen Tiefpunkt erreicht. Viele Frauen leiden jetzt unter einer sehr trockenen Haut, besonders am Körper. Das kann zu Juckreiz, starken Spannungsgefühlen und sogar Trockenheitsekzemen führen. Durch eine gestörte Pigmentproduktion entstehen bei rund 78 Prozent aller Frauen Pigmentflecken im Gesicht, am Hals oder an den Händen (auch Altersflecken genannt).

Pflege: Der Trend für die Golden-Girl-Beauty geht Richtung der sogenannten Phytohormone. Sie stecken in bestimmten Nahrungsmitteln und werden inzwischen auch in Kosmetik-Cremes eingearbeitet. Extrakte aus Soja, Sonnenblumen, Muscheln, Shiitake-Pilzen und Ginseng wirken etwa halb so intensiv wie »echte« Hormone, haben dafür aber keine Nebenwirkungen. Neben echten Pflanzenhormonen wie Cytokinen oder Auxinen gibt es Stoffe, die in der Pflanze selbst keine hormonellen Aufgaben übernehmen, in der Haut aber hormonähnlich wirken. Phytohormone sorgen für den Aufbau neuer kollagener und elastischer Fasern, helfen der Haut, wieder mehr Feuchtigkeit zu speichern, und verbessern die Durchblutung. Für den Körper sind jetzt reichhaltige Anti-Aging-Bodycremes mit hochwertigen pflanzlichen Ölen (etwa Jojobaöl oder Karité-Butter) oder auch Körperlotionen mit hautstraffenden Zusätzen ideal. Zum Duschen oder Baden sollten Sie keine normalen Gele oder Zusätze, sondern ebenfalls Dusch- oder Badeöle verwenden. Denken Sie daran: Je mehr ein Produkt schäumt, umso stärker trocknet es die Haut in der Regel aus – einzige Ausnahme: Reinigungsschaum. Gegen Pigmentflecke gibt es sogenannte kosmetische Whitening-Cremes, die die dunklen Flecken mit verschiedenen Technologien aufhellen sollen. Wirksamer sind allerdings medizinische Bleichcremes, die Ihnen der Hautarzt verschreiben kann, oder die Behandlung mit dem Laser.

Wann zum Hautarzt?

Wenn die Haut trotz bewährter Pflege plötzlich mit Pickeln, Rötungen, Schüppchen oder Ekzemen reagiert, kann eine Empfindlichkeit oder Allergie dahinterstecken. Während eine Unverträglichkeit meist sofort nach dem Auftragen des Produktes auftritt, kann eine echte Allergie sich auch erst nach zwei Tagen zeigen; oft erinnert man sich gar nicht mehr an die Ursache. Halten die Reaktionen mehrere Tage an, sollte man unbedingt zum Dermatologen gehen. Er kann einen Hauttest machen, um dem Auslöser der allergischen Reaktion auf die Spur zu kommen. Zusätzlich sollte man alles, was die Haut gereizt haben könnte, für mindestens zwei Wochen absetzen, dann mit einer Creme mit wenig Inhaltsstoffen für sensible Haut wieder einsteigen und beobachten, wie die Haut reagiert. Währenddessen besser keinen Sport treiben, denn Schweiß kann die Irritationen verstärken.

Der private 24-Stunden-Beauty-Salon

Er hat durchgehend geöffnet, kostet nicht viel, und die Beauty-Elixiere dafür haben Sie im Kühlschrank oder finden Sie im Supermarkt und Bioladen: Ihr ganz privater Home-Spa. Denn Verwöhnen funktioniert auch in den eigenen vier Wänden. Besonders effektiv und günstig wird es, weil Sie die Wirkstoffe selber frisch anrühren. So wissen Sie wirklich, was in dem Produkt drin ist, und müssen Haut und Haare nicht unnötig mit Konservierungs-, Duft- oder Farbstoffen belasten. Ich habe Ihnen einmal eine kleine Auswahl von tollen Beauty-Masken, Kuren für glänzendes Haar sowie herrlich entspannenden Bädern zusammengestellt. Mein Favorit nach einem stressigen Tag im Sender ist übrigens das Orangen-Rosmarin-Bad. Das weckt die Lebensgeister und macht wieder fit für einen Abend mit Freunden. Wenn ich nur noch meine Ruhe haben will, versinke ich am liebsten im »La vie en rose«-Bad – nach ein paar Minuten sehe ich das Leben wieder wie durch eine rosarote Brille. Und für meine durch viel Make-up während der Sendung ausgetrocknete Haut ist die Avocado-Maske eine wahre Wohltat. Die Haut saugt die Nährstoffe förmlich auf und fühlt sich danach weich und entspannt an.

Streicheleinheiten für den Teint

Aloe-vera-Maske für durstige Haut
WAS SIE BRAUCHEN:
1 EL pures Aloe-vera-Gel
1 EL Gesichtscreme
3 Tropfen ätherisches Zitronenöl
SO GEHT'S: Das Aloe-vera-Gel mit der Gesichtscreme vermischen und das Zitronenöl hinzugeben. Großzügig auf das gereinigte Gesicht, den Hals und das Dekolleté auftragen. 15 bis 20 Minuten einwirken lassen, mit lauwarmem Wasser abspülen.

Rosen-Pflege-Öl für sensible Haut
WAS SIE BRAUCHEN:
50 ml Jojoba- oder süßes Mandelöl
5 ml Nachtkerzenöl
5 Tropfen ätherisches Rosenöl
SO GEHT'S: Alle Öle in einer Glasflasche mischen und jeweils eine kleine Menge davon nach der Gesichtsreinigung auf der Haut verteilen.

Avocado-Maske für trockene Haut

WAS SIE BRAUCHEN:

1/2 reife Avocado

2 EL flüssige Sahne

1 TL Zitronensaft

SO GEHT'S: Die Avocadohälfte aus der Schale lösen und mit einer Gabel zerdrücken. Sahne und Zitronensaft dazumischen. Die Packung auftragen und 15 Minuten auf dem Gesicht lassen, dann mit warmem Wasser abwaschen.

Cameron Diaz, Schauspielerin:

Mein Geheimnis heißt Aloe vera. Ich liebe Produkte mit diesem Inhaltsstoff. Er spendet sehr viel Feuchtigkeit, hat aber gleichzeitig eine erfrischende und beruhigende Wirkung auf die Haut. Wenn mein heller Teint einmal etwas zu viel Sonne erwischt hat, trage ich reines Aloe-vera-Gel dünn auf die strapazierten Stellen – und Rötungen sind am nächsten Tag verschwunden.

Traubenkernöl-Packung für müde Haut

WAS SIE BRAUCHEN:

1 EL Traubenkernöl

2 EL Naturjoghurt

SO GEHT'S: Das Öl mit dem Joghurt mischen und die dadurch gewonnene Creme auf Gesicht und Hals auftragen. 15 Minuten einwirken lassen, dann mit lauwarmem Wasser abwaschen. Das besonders feine Traubenkernöl wirkt glättend und straffend, da es die Haut belebt und gut durchfeuchtet. Außerdem hinterlässt es einen feinen Schimmer auf der Haut.

Mein Extratipp:
Löffelmassage gegen Knitterfältchen

Jeder kennt sie: An Stellen mit besonders starker Mimik wie der Stirn oder dem Mund entstehen schnell feine Knitterfältchen. Der geniale Berliner Visagist René Koch hat dagegen einen verblüffend einfachen, aber sehr wirksamen Trick entwickelt, der ein bisschen ans Kleiderbügeln erinnert: die Löffelmassage. Sie hilft der Haut, sich auf ganz natürliche Weise wieder zu glätten. Sie brauchen dafür zwei Esslöffel aus Metall, die Sie zunächst für eine Minute unter warmes Wasser halten. Bearbeiten Sie dann die Knitterpartien mit den Löffeln in sanft rollenden Bewegungen, und zwar am besten von der Mitte des Gesichts zu den Seiten hin. Wenn die Löffel zwischendurch auskühlen, sollten Sie sie wieder aufwärmen, indem Sie sie erneut kurz in warmes Wasser halten.

Thymian-Kompresse gegen Unreinheiten

WAS SIE BRAUCHEN:

1 EL getrockneter oder frischer Thymian

1 l Wasser

SO GEHT'S: Thymian im Wasser kurz aufkochen, den Mix 15 bis 20 Minuten ziehen lassen und dann durch ein Sieb abseihen. Ein dünnes Baumwolltuch – zum Beispiel ein Taschentuch oder eine Stoffserviette – in dem lauwarmen Kräuterwasser tränken, auswringen und auf das gereinigte Gesicht legen. Wenn das Tuch ausgekühlt ist, die Kompresse abnehmen und die Haut mit einer fettfreien, aber Feuchtigkeit spendenden Lotion eincremen.

Wonne in der Wanne

Wärmendes Gewürzbad

WAS SIE BRAUCHEN:

8 EL Backpulver

2 EL Zucker

1 TL gemahlener Zimt

1/2 TL Ingwerpulver

1/2 TL gemahlene Gewürznelken

SO GEHT'S: Alle Zutaten gut miteinander mischen. Zwei Esslöffel davon in das warme Wasser geben und 10 bis 15 Minuten darin baden. Die restliche Mischung in einem trockenen Behälter aufbewahren.

Entspannendes Lavendel-Getreide-Bad

WAS SIE BRAUCHEN:

1/2 Tasse Gerste

1/2 Tasse Kleie

1/2 Tasse Hafermehl

1/2 Tasse Naturreis

2 EL getrocknete Lorbeerblätter

4 EL getrocknete Lavendelblüten

2 l Wasser

SO GEHT'S: Alle Zutaten in einem großen Topf aufkochen und eine Stunde bei niedriger Hitze köcheln lassen. Abseihen und die ganze Flüssigkeit ins Wasser geben. Badedauer: 15 Minuten.

»La vie en rose«-Bad

WAS SIE BRAUCHEN:

2 Tropfen Rosenholzöl

2 Tropfen Rosengeranienöl

1 Tropfen türkisches Rosenöl

1 Tropfen Petit-Grain-Öl
3 EL Sahne, Milch oder Honig
SO GEHT'S: Die ätherischen Öle mit Sahne, Milch oder Honig gut vermischen und zum Schluss in das Wasser geben. Badedauer: 20 Minuten.

Belebendes Orangen-Rosmarin-Bad
WAS SIE BRAUCHEN:
2 Tassen Milchpulver
1 EL getrocknete Orangenschale
1 EL getrockneter Rosmarin
15 Tropfen ätherisches Bergamottöl
SO GEHT'S: Milchpulver, Orangenschale und Rosmarin vermischen.
Acht Esslöffel dieses Pulvers ins warme Wasser geben und einen Schuss
ätherisches Öl hinzugießen. Badedauer: 20 Minuten. Die restliche
Mischung in einem Behälter kühl und trocken aufbewahren.

Meersalzbad gegen Stress
WAS SIE BRAUCHEN:
1 kg Salz aus dem Toten Meer oder dem Atlantik
10 Tropfen ätherisches Lavendelöl
SO GEHT'S: Salz in die Badewanne geben und mit heißem Wasser auf-
lösen. Danach kühleres Wasser zulaufen lassen, erst zum Schluss das
Lavendelöl dazugeben. Die ideale Badetemperatur liegt bei 38 Grad. 15
Minuten baden, hinterher lauwarm abduschen und gut eincremen.

Entspannungsbad für trockene Haut
WAS SIE BRAUCHEN:
je 1 Handvoll Basilikum, Lavendel und Zitronengras (jeweils frisch
oder getrocknet)
2 EL Weizenkeimöl
SO GEHT'S: Alle Zutaten mit dem Öl tränken und den Mix in ein

Geschirrhandtuch wickeln. Dieses Kräutersäckchen ins einlaufende Badewasser hängen. Während des Badens (Dauer: 20 bis 25 Minuten) immer wieder ausdrücken und den Körper damit abrubbeln. Nach dem Bad die Haut nur vorsichtig trockentupfen.

Dennenesch Zoudé, Schauspielerin:

Ich gönne mir alle vier bis sechs Wochen ein »Salt scrub« bei der Kosmetikerin. Dabei wird der ganze Körper mit einer Mischung aus Öl und grobkörnigem Salz abgerieben. Ein besseres Peeling gibt es nicht – die Haut ist danach samtweich und wirklich porentief rein. Zusätzlich massiere ich meinen Körper zweimal pro Woche mit einer Naturbürste, je nach Empfindlichkeit der Körperpartien in zwei verschiedenen Stärken. Danach geht es unter die kalte Dusche. Diese Kombination regt die Durchblutung an, macht die Haut rosig, und ich fühle mich lebendig und wach.

Reflexzonen-Bad für müde Füße

WAS SIE BRAUCHEN:

4 Zweige frischer Rosmarin
1 Scheibe frischer Ingwer
8 Tropfen Rosmarinöl
5 Tropfen Nelkenöl
3 Tropfen Verbenaöl

SO GEHT'S: Geben Sie den Rosmarin, den Ingwer und zwei Liter Wasser in einen Topf, lassen Sie das Ganze einmal aufkochen und dann weitere fünf Minuten köcheln. Schalten Sie den Herd ab und lassen Sie die Mixtur 15 Minuten ziehen. Den Sud durch ein Sieb filtern. Zusammen mit den Ölen in eine Plastikschüssel geben und die Füße zehn Minuten darin baden. Danach gut abtrocknen und eincremen.

Mein Extratipp: Teestunde für die Augen

Geschwollene Augen können die Folge von Überanstrengung sein, manchmal reagiert der Körper aber auch mit Wassereinlagerungen, wenn man zu viel Salz oder Alkohol zu sich genommen hat. Dagegen hilft eine Kompresse mit schwarzem oder grünem Tee. Brühen Sie dafür einen Esslöffel lose Teeblätter mit einer Tasse kochendem Wasser auf, lassen Sie das Ganze drei Minuten ziehen und seihen Sie es durch ein Sieb ab. Abkühlen lassen und in den Kühlschrank stellen. Tränken Sie zwei Wattepads mit dem eiskalten Tee, drücken Sie sie aus und legen Sie sie für zehn Minuten auf die geschlossenen Lider.

Verwöhnprogramm für den Kopf

Lavaerde-Shampoo

WAS SIE BRAUCHEN:

2 EL Lavaerde

75 ml warmes Wasser

5 Tropfen ätherisches Lavendelöl

SO GEHT'S: Die Lavaerde in das Wasser einrühren und eine Stunde quellen lassen. Das Lavendelöl dazugeben und alles gut verrühren. Die Paste kann man wie ein normales Shampoo anwenden.

Avocado-Packung für trockene Haare

WAS SIE BRAUCHEN:

1 Avocado

2 EL Sonnenblumenöl

etwas Zitronensaft

So GEHT'S: Alle Zutaten miteinander verrühren. Es entsteht eine sämige Konsistenz, diese dann gleichmäßig im Haar verteilen. 15 Minuten einwirken lassen und gründlich ausspülen.

Honig-Spülung für stumpfes Haar
WAS SIE BRAUCHEN:
1 TL flüssiger Honig
1 TL Apfelessig
75 ml lauwarmes Wasser
So GEHT'S: Honig im Wasser auflösen, den Apfelessig dazugeben. Das Ganze ins Haar einmassieren, kurz einwirken lassen und anschließend ausspülen.

Tonerde-Maske für Volumen
WAS SIE BRAUCHEN:
4 EL Jojobaöl
1 EL Kokosöl
2 EL Tonerde (Kaolin)
1/2 Tasse Wasser
So GEHT'S: Jojoba- und Kokosöl zusammen für eine Minute in einem Topf erhitzen, dann die Tonerde und das Wasser dazurühren. Einen TL dieser Emulsion auf das feuchte Haar auftragen und gründlich in die Haare und die Kopfhaut einmassieren. 10 bis 15 Minuten einwirken lassen, dann gründlich mit Shampoo durchwaschen und gut ausspülen.

Minz-Tonic für fettiges Haar
WAS SIE BRAUCHEN:
10 g frische oder getrocknete Pfefferminzblätter
1 Tasse Apfelessig
2 Tassen Wasser
So GEHT'S: Apfelessig und Wasser mischen, die Pfefferminzblätter hin-

zufügen und das Ganze zehn Minuten auf kleinster Stufe auf dem Herd erwärmen. Abkühlen lassen und durch ein Sieb geben. Diese Flüssigkeit auf das gewaschene Haar verteilen und in die Kopfhaut einmassieren. Achtung: Nicht ausspülen, sondern gleich die Haare wie gewohnt frisieren.

Bananen-Conditioner für trockene Haare
WAS SIE BRAUCHEN:
1 reife Banane
1 EL flüssiger Honig
SO GEHT'S: Banane und Honig zum Beispiel in der Küchenmaschine zu einem Brei verarbeiten und diesen in die mit warmem Wasser angefeuchteten Haare und auch in die Kopfhaut einmassieren. 20 Minuten einwirken lassen, am besten unter einem warmen Handtuch. Gut ausspülen und danach noch einmal kurz die Haare shampoonieren.

Interview mit Jörg Schiffers, Friseur und Experte für Haarverlängerungen (Extensions), Köln

Gilt der alte Rat, »Frauen ab 40 sollten keine langen Haare mehr tragen«, eigentlich noch?
Nein, das finde ich überhaupt nicht. Denn die 50-Jährigen von heute sind doch fast die 30-Jährigen von damals. Allerdings sollten lange Haare immer topgepflegt sein und eine schöne Farbe haben. Graues langes Haar macht aus meiner Sicht fast immer älter. Da wirkt meist ein Bob oder ein Short Cut attraktiver.

Was ist das Wichtigste in Sachen Haarpflege?
Die meisten Frauen waschen ihre Haare nicht gründlich genug. Bei täglicher Haarwäsche reicht einmal shampoonieren völlig aus. Wer seltener wäscht, sollte mindestens zweimal gründlich

waschen, sonst werden die Haare zu schnell wieder fettig und die Frisur hält weniger gut. Unbedingt so lange gründlich spülen, bis die Haare richtig »quietschen«. Rückstände von Shampoo oder Spülung machen sie nämlich stumpf. Wichtig sind auch Kuren und Packungen, die auf den Haartyp abgestimmt sein sollten – dann machen sie die Haare auch nicht schwer. Sie geben dem Haar Feuchtigkeit, trockenen Haaren auch fehlende Fette. Wer Shampoos mit Silikonen benutzt, sollte von Zeit zu Zeit ein Peeling-Shampoo verwenden. Denn die Silikone lagern sich am Haar an und machen es auf Dauer schwer.

Und was sollte man in Sachen Styling beachten?

Die Haare unbedingt unter einem Handtuchturban vortrocknen und nicht zu heiß föhnen, dabei einen Abstand von mindestens 20 Zentimetern zum Kopf einhalten. Stellen Sie sich einfach einen Kaschmirpulli vor, den würden Sie auch nicht bei 60 Grad in der Maschine waschen. Und unsere Haare sind ein genauso sensibles Naturprodukt wie die feine Wolle. Für Styling-Produkte gilt: Auf den Haartyp achten, es gibt da große Unterschiede. Ultra-Strong-Produkte wie Schaumfestiger oder Gel enthalten oft viel Alkohol und können die Haare langfristig austrocknen. Gel-Wachs oder Wachs sind dagegen pflegender und geben den Haaren einen feinen Schutzfilm. Außerdem gilt: Weniger ist mehr. Arbeiten Sie mit kleinen Mengen – nachlegen kann man immer.

Was sollte man bei der Wahl einer Coloration für zu Hause beachten?

Viele Frauen neigen dazu, zu helle Farbtöne zu wählen, weil sie ihre Haarfarbe falsch einschätzen. Es gibt in den Geschäften Farbkarten mit Haarsträhnen, die sollte man einfach mit dem eigenen

Farbton vergleichen. Meist sehen Nuancen am besten aus, die ein, zwei Töne heller oder dunkler als die natürliche Haarfarbe sind. Denn die Farbe des Haares muss auch zu jener der Haut, der Brauen und der Augen passen. Das Problem bei Home-Colorationen ist, dass sie farblich sehr einheitlich sind und auf dem Kopf manchmal künstlich aussehen. Manche Frauen färben deshalb zu Hause und lassen sich vom Friseur noch einige Highlights setzen.

Haare wachsen bekanntlich sehr langsam. Wer sich erst einmal für einen Short Cut entschieden hat, muss Jahre warten, bis er wieder einmal eine lange Mähne tragen kann ...

Nein, es gibt die Möglichkeit von Haar-Extensions, mit denen man die Haare verdichten oder auch verlängern kann. Je nach Methode werden zwischen 30 und 150 Haarsträhnen in die eigenen Haare eingesetzt. Das lässt die Haare in ein bis zwei Stunden wesentlich dichter oder eben auch wesentlich länger aussehen.

Wie genau funktioniert die Extensions-Methode?

Ich habe eine eigene, sehr hochwertige Technik kreiert. Wir verwenden nur europäisches Echthaar. Andere Firmen arbeiten häufig mit asiatischem Haar, das jedoch von der Struktur ganz anders ist und deshalb bei Frauen hierzulande oft künstlich aussieht. Die Echthaarsträhnen können passend zum echten Haarton eingefärbt oder auch in mehreren Nuancen coloriert werden. Mittels eines Flüssigklebers, der mit einer Wärmepistole aufgetragen wird, werden die Strähnen mit den eigenen Haaren verbunden. Diese Übergänge sind ganz flach und später kaum sicht- oder tastbar. Nach drei Monaten, wenn die Ansätze nachgewachsen sind, kann man die Strähnen wieder lösen und erneut verwenden. Der Spaß kostet je nach Anzahl der verwendeten Strähnen 200 bis 2000 Euro. Die eigenen Haare werden dabei nicht geschädigt.

Runde Sache: Schön in der Schwangerschaft

Während der Schwangerschaft machen die meisten Frauen ganz neue Erfahrungen mit ihrem Körper. Doch nicht nur die Figur verändert sich, auch Haut und Haare sind plötzlich »in anderen Umständen«.

Pickel

Die meisten Frauen freuen sich während der neun Monate über eine besonders reine, rosige Haut. Als Beauty-Helfer wirkt die vermehrte Ausschüttung von Östrogen. Dieses Schwangerschaftshormon bewirkt normalerweise, dass der Teint feiner, transparenter und auch ein wenig trockener wird. Bei wenigen Frauen ist es leider umgekehrt: Durch das Hormonhoch sprießen plötzlich Pickelchen, obwohl diese Frauen nie im Leben Akne hatten. Doch keine Sorge, auch die lassen sich mit der richtigen Pflege in den Griff bekommen. Verwenden Sie zur Reinigung der Haut am besten ein mildes Reinigungsgel, bevorzugt aus einer Serie für Mischhaut. Bitte nicht zu Teenie-Produkten greifen, sie trocknen die Haut nur unnötig stark aus. Falls die Haut jetzt sehr fettig ist, können Sie auf eine Nachtcreme verzichten. Tagsüber sollten Sie eine Tagescreme oder eine leichtere Emulsion für normale oder Mischhaut verwenden. Falls doch mal ein Pickel nervt, bekommen Sie den mit einem Anti-Pickel-Stift mit Salicylsäure schnell in den Griff. Die gibt es auch getönt – so wird der Störenfried gleich kaschiert. Mein Geheimtipp gegen Pickel: Heilerde. Das braune Pulver wird einfach mit kaltem Wasser angerührt; es gibt heute auch schon einen fertig angerührten

Ich habe von Natur aus ziemlich kräftige Haare, die trotzdem ständig nach Pflege verlangen.

feuchten Heilerdemix in der Tube. Diesen – zugegeben wenig attraktiv wirkenden braunen Brei – können Sie wie eine Maske rund 20 Minuten auf dem Gesicht antrocknen lassen oder auch nur lokal auf einzelne Pickelchen tupfen und über Nacht einwirken lassen. Wenn Sie mögen, können Sie auch noch einen Tropfen ätherisches Lavendel- oder Teebaumöl dazugeben, das hat zusätzlich eine entzündungshemmende Wirkung. Die Heilerde trocknet die Haut leicht aus, lindert die Entzündung und schleust Giftstoffe aus dem Körper.

Juckreiz

Zum Ende der Schwangerschaft wird der Juckreiz bei den meisten Frauen unerträglich. Ursache ist zum einen eine immer trockenere Haut, die sich natürlich durch das wachsende Kind im Bauch auch noch ordentlich dehnen muss. Alles, was sie dagegen tun können, ist die Haut mit einer sehr reichhaltigen Bodycreme oder einem Öl notfalls auch mehrmals täglich zu massieren. Das Körperöl sollten Sie übrigens nach dem Baden oder Duschen in die noch leicht feuchte Haut einmassieren, so wird es besonders gut aufgenommen. Einige Frauen schwören auch auf reines Aloe-vera-Gel (Apotheke, Bioladen), das sie mehrmals täglich auf dem Bauch verteilen. Es nimmt nicht nur den Juckreiz, sondern kühlt zusätzlich noch schön. Es ist allerdings nicht so reichhaltig wie eine Creme und reicht bei einer sehr trockenen Haut oft nicht aus.

Pigmentflecken

Bei vielen Frauen treten in der Schwangerschaft plötzlich Pigment-flecken im Gesicht auf. Sie sind bräunlichgrau und breiten sich schmetterlingsförmig auf der Stirn, den Wangen oder der Oberlippe aus. Aufgrund ihrer seltsamen Anordnung werden sie auch als

»Schwangerschaftsmaske« bezeichnet. Schuld daran sind, natürlich auch hier, die Hormone, genauer gesagt das melaninstimulierende Hormon (MSH). Sonnenlicht verstärkt die Flecken leider meist noch. Wichtig ist deshalb eine Gesichtscreme oder ein Make-up mit Lichtschutzfaktor (LSF 12 und höher), die Sie am besten täglich verwenden sollten. Im Urlaub oder im Sommer immer eine Sonnencreme mit hohem LSF (15 und höher) verwenden. Übrigens: Auch unter der Sonnenbank verstärken sich Pigmentflecken. Damit sie weniger stören, können Sie sie mit einem stärker pigmentierten Make-up oder einer sogenannten Camouflage-Creme, die es in unzähligen Hauttönen gibt, abdecken. Und die gute Nachricht: Bei fast allen Frauen verschwinden die braunen Flecken einige Zeit nach der Geburt von alleine wieder.

Haare

Meine ohnehin schon recht kräftigen Haare sind während der Schwangerschaft sogar noch dicker geworden und waren dadurch manchmal ganz schön widerspenstig. Für Frauen mit dünnen Haaren ist die Schwangerschaft dagegen oft ein Segen. Östrogen ist nämlich ein wahres Beauty-Hormon für die Haare – bei fast allen Frauen werden sie auffallend dicker und dichter. Rund zehn Prozent mehr Haare haben Sie während der Schwangerschaft auf dem Kopf. Der Grund: Die Haare verharren nach der Wachstumsphase länger als sonst in der sogenannten Ruhephase, fallen also nicht so schnell aus. Auch bei Frauen, die zu fettigem Haar neigen, hat der Hormon-Kick etwas Positives: Die Aktivität der Talgdrüsen auf der Kopfhaut ist gedrosselt, die Haare fetten nicht so schnell nach, und plötzlich reicht alle zwei Tage waschen völlig aus. Doch auch Ihre neue tolle Haarpracht braucht Pflege. Für die Haarwäsche sollten Sie ein möglichst mildes Shampoo verwenden, einmal pro Woche können Sie sich eine Haarkur oder -maske gönnen. Übrigens: Verzichten Sie während der Schwangerschaft lieber auf Colorationen oder Dauerwellen. Zum einen ist umstritten, ob das Baby nicht doch von diesen Chemiekeulen getroffen wird, zum anderen fallen Colorationen und künstliche Locken während der Schwangerschaft oft ganz anders aus und halten weniger lang als normal. Als unbedenklich gelten dagegen Pflanzen-Haarfarben, Henna oder Farbshampoos.

Schwangerschaftsstreifen

Die Haut am Bauch ist in der Schwangerschaft extremen Bedingungen ausgesetzt, weil sie sich durch das wachsende Kind enorm dehnen muss. Besonders in der zweiten Schwangerschaftshälfte werden die elastischen und kollagenen Fasern des Bindegewebes durch den Östrogeneinfluss gelockert. Häufig werden sie dabei überdehnt, dann bilden sich die gefürchteten Schwangerschaftsstreifen – bläuliche bis braunrote Streifen im Unterhautgewebe. Das Problem: Sind die Streifen erst einmal da, verschwinden sie so schnell nicht wieder. Vorbeugen heißt deshalb das Zauberwort. Gut ist alles, was die Durchblutung in diesem Bereich fördert wie Peelings, Abreibungen mit dem Badehandschuh oder Massagen, am besten mit einem Vitamin-E-haltigen Öl. Ideal ist eine sanfte Zupfmassage, die Sie täglich ganz leicht selber machen können.

So geht's: Tragen Sie etwas Massageöl auf, und ziehen Sie mit Daumen und Zeigefinger jeweils eine kleine Hautpartie hoch, halten Sie sie kurz und lassen Sie sie dann wieder los. Führen Sie dies dann mit der nächsten Partie durch. Das Ganze sollten Sie fünf bis zehn Minuten machen, die Haut soll sich dabei leicht röten, das ist ein Zeichen für eine gesteigerte Durchblutung. Danach können Sie den Bauch mit einem Spezialprodukt gegen Schwangerschaftsstreifen oder einer normalen, Vitamin-E-haltigen Bodylotion einreiben.

Wichtig ist hierbei, dass Sie konsequent sind. Laut einer Schweizer Studie half regelmäßiges Massieren und Cremen bei 33 Prozent aller schwangeren, untersuchten Frauen, Schwangerschaftsstreifen zu vermeiden. Falls dennoch Dehnungsstreifen entstehen sollten: Sie verblassen mit der Zeit zu einem hellen Perlmutt-Ton, der nicht so stark auffällt. Wenn Sie die Streifen dennoch sehr stören, hilft die sogenannte Rio-Methode beim Hautarzt.

 Rötungen

Schwangere Frauen strahlen von innen, heißt es oft. Da ist etwas dran. Doch nicht nur die Vorfreude aufs Baby ist die Ursache für den rosigen, glatten Teint, sondern auch der Anstieg des Östrogenspiegels. Durch das Hormon erweitern sich die Gefäße, es entstehen sogar neue Mini-Blutbahnen, damit das Blut leichter zirkulieren kann. Das nimmt den Grauschleier von der Haut, sie sieht insgesamt frischer und – durch die vermehrte Wassereinlagerung – auch straffer aus. Schön für die meisten Frauen. Wer allerdings zu roten Äderchen (Couperose) neigt, ist über die verstärkten Rotbäckchen weniger erfreut und sollte alles vermeiden, was die roten Äderchen noch verstärken könnte. Tabu sind Sauna- und Dampfbäder, aggressive Peelings mit Rubbelkörnchen, Masken, die auf der Haut antrocknen, sowie Thermomasken, die sich auf der Haut erwärmen. Auch Hitze, ausgedehnte Sonnenbäder, extreme Kälte sowie scharfe Gewürze sind eher kontraproduktiv. Alkohol ist ebenfalls ein Beschleuniger, aber das sollte in der Schwangerschaft natürlich sowieso kein Thema sein. Tarnen können Sie die Rotbäckchen mit einer speziellen Camouflage-Abdeckcreme, die es in verschiedenen Nuancen in Apotheken gibt. Sie wird mit dem Finger leicht in die Haut eingeklopft. Darüber können Sie Ihr gewohntes Make-up geben.

Blässe

Übelkeit, Müdigkeit, Sorgen: Leider geht es nicht allen Schwangeren immer blendend. Das sieht man dann schnell am Teint. Besonders während der großen Umstellungsphase in den ersten drei Monaten sehen viele werdende Mütter blass aus. Der Blitztipp gegen Blässe: Schaufeln Sie sich einfach kaltes Wasser ins Gesicht oder splashen Sie mit warmem Wasser nach der Laszlo-Methode. Das regt die Durchblutung an und macht auch müde Augen munter. Auch kaltwarme Wechselkompressen helfen (bitte nicht bei Couperose), ebenso der Griff ins Make-up-Kästchen: Ein Hauch Rouge lässt blasse Gesichter strahlen, Selbstbräuner sorgt für zarte Bräune, und Lippenstifte in klaren Rot- und Korallentönen zaubern ebenfalls Frische auf den Teint.

Öl auf unserer Haut

Ätherische Öle haben eine blitzschnelle Wirkung auf die Stimmung. Sie können beim Entspannen helfen, Sorgen vertreiben oder munter machen. Das ist an manchen Tagen der Schwangerschaft nicht ganz unwichtig. Aber nur naturreine ätherische Öle haben entspannende oder belebende Effekte auf Body & Soul, synthetische Öle zeigen diese Wirkung nicht. Echte Öle erkennen Sie am Etikett »100 Prozent naturreines ätherisches Öl«. Außerdem sind auf dem Etikett meist noch das Herkunftsland, die Art der Gewinnung, der verwendete Pflanzenteil sowie der deutsche und der botanische Name angegeben.
Leider sind viele ätherische Öle nicht ganz billig. Wenn Ihnen beispielsweise auf dem Wochenmarkt jemand zehn Milliliter »echtes« Rosenöl für fünf Euro anbietet: Hände weg, denn dabei handelt es sich unter

Garantie um ein synthetisches Duftöl. Teure ätherische Öle sind unter anderem Angelikawurzel, Ginster, Hyazinthe, Iris, Jasmin, Moschuskörner, Narzisse, Neroli, Rose und Veilchen. Ein Milliliter dieser kostbaren Pflanzenauszüge kann bis zu 20 Euro kosten.

In der Schwangerschaft sollten Sie allerdings auf die folgenden ätherischen Öle verzichten, denn sie können unangenehme Wirkungen haben:

Wehenauslösend: Eisenkraut, Kampfer, Nelke, Ingwer, Zimt

Blutdrucksteigernd: Rosmarin, Ysop

Blutdrucksenkend: Thymian, Majoran

Fragen Sie unbedingt Ihre Frauenärztin oder Hebamme, welche Öle Sie ohne Bedenken verwenden dürfen.

Interview mit Dr. Stefan Duve, Hautarzt und Laser-Experte, München

Man hat das Gefühl, Botox ist in aller Munde beziehungsweise in aller Stirn. Was steckt eigentlich hinter diesem Wundermittel?

Botox ist eigentlich nur der Markenname für ein bestimmtes Botulinum Toxin-A, so heißt der Wirkstoff nämlich mit vollem Namen. Es ist ein Gift, das von Bakterien gebildet wird. Ursprünglich wurde es eingesetzt, um spastische Muskelverkrampfungen zu lösen. Botox wird auch zur Behandlung von übermäßigem Schwitzen eingesetzt. Es hemmt einen Botenstoff, der auch die Schweißproduktion des Körpers reguliert. Im kosmetischen Bereich setzt man die Substanz in sehr niedriger und deshalb ungiftiger Dosierung ein. Es kommt beispielsweise bei der Zornesfalte auf der Stirn zum Einsatz. Dort lähmt es für einige Monate den Muskel, der für das Stirnrunzeln zuständig ist. Die Falte erscheint so weniger ausgeprägt, die Haut ist deutlich glatter.

Auch Laser gelten als die Superwaffe gegen das Altern. Was können die modernsten Geräte heute?

Neben bekannten Lasern gegen rote Äderchen, Altersflecken, Tattoos oder Härchen gibt es heute relativ sanfte Laser wie den Accent, der Fettzellen zum Schmelzen bringen kann, oder auch das laserähnliche Harmony-Gerät, eine Weiterentwicklung der Thermagebehandlung. Damit lässt sich ein sogenanntes Skin-Tigthening erzielen, mit dem sich die Haut an Wangen, Unterlidern, Hals, Dekolleté und Oberarmen ohne große Nebenwirkungen sehr effektiv straffen lässt.

Falten sind das eine Problem, wenn man älter wird. Doch auch Pigmentflecken im Gesicht und auf den Händen können sehr stören. Was hilft dagegen?

Pigmentflecken im Gesicht sind leider relativ hartnäckig. Bleichcremes bringen meist wenig, ein chemisches Peeling kann die Flecken etwas aufhellen und den Teint gleichmäßiger erscheinen lassen. Altersflecken an den Händen sind viel effektiver zu behandeln. Sie werden mit dem gepulsten Rubinlaser oder dem Nd-YAG-Laser in ein bis zwei Behandlungen komplett entfernt. Der Laser zielt auf die Pigmentansammlungen und »sprengt« sie quasi auseinander. Die Farbteilchen werden dann vom Körper abtransportiert. Nach der Behandlung kann sich ein Schorf auf der Stelle bilden, der nicht abgekratzt werden darf. Wichtig: Zur Vorbeugung neuer Flecke sollte der Handrücken täglich mit einer Creme mit Lichtschutzfaktor 50plus behandelt werden.

Viele Frauen leiden unter roten Äderchen auf den Wangen und an den Nasenflügeln. Was kann man dagegen tun?

Rote Äderchen lassen sich heute schnell und fast schmerzfrei mit dem gepulsten Farbstofflaser oder dem KTP-Laser beseitigen. Der gebündelte Lichtstrahl zielt lediglich auf das Hämoglobin, also auf den roten Blutfarbstoff, und verschweißt die erweiterten Äderchen. Das umliegende Gewebe bleibt heil. In den ersten Wochen nach der Behandlung sollte man jedes Zerren und Rubbeln an der Haut vermeiden, auch Sonne, Sauna und Dampfbäder sind absolut tabu. Sonst sind die Äderchen nämlich schnell wieder da.

Nach einem Unfall bleiben oft unschöne Narben zurück. Gibt es Möglichkeiten, damit sie weniger auffallen?

Frische Narben lassen sich gut mit Narbensalben oder Narbenpflastern auf Silikonbasis behandeln. Das funktioniert bereits wenige Tage, nachdem die Wunde sich geschlossen hat. Ältere, eingesunkene Narben, wie sie etwa als »Souvenir« einer Akne übrigbleiben, können mit Kollagen oder Hyaluronsäure unterspritzt oder aber mit einem chemischen Peeling verfeinert werden. Erhabene Narben werden flacher, wenn sie mit Cortison unterspritzt werden.

Immer mehr Frauen über 40 leiden heute noch unter Akne. Was hilft gegen die späten Pickelchen?

Akne und Falten sind in der Tat eine unschöne Mixtur. In jedem Fall sollte man keine Pflegeprodukte für Teenager-Pickel benutzen, die trocknen die Haut in diesem Alter nämlich viel zu stark aus. Für leichtere Fälle kommt eine Salbe mit Azelainsäure in Frage. Sie reizt die Haut nicht und hilft sogar bei Rosazea. Ist die Spät-Akne stark ausgeprägt, helfen Antibiotika von innen. Die tägliche Pflege sollte so mild wie möglich sein, damit die Haut nicht zusätzlich irritiert wird. Ein regelmäßiges Fruchtsäure-Peeling oder eine Mikrodermabrasion helfen zusätzlich gegen die Bildung von Mitessern und Pickeln.

Nehmen Sie die Schönheitspflege in die eigene Hand

Gepflegte, gesunde Nägel gehören zu schönen Händen dazu. Doch oft sind sie spröde, splittern oder brechen ab. Dem können Sie mit der richtigen Pflege und ausgewogener Ernährung vorbeugen.

Nägel sind nichts anderes als verhornte Hautzellen. Dieses Hornmaterial, aus dem auch unsere Haare bestehen, heißt Keratin und ist ein Eiweiß. Es wird in der Keimzone des Nagels gebildet, der sichtbare Teil dieser Zone ist der weiße »Mond«. Das Keratin schiebt sich – dachziegelartig angeordnet – als Nagelplatte über das Nagelbett hinaus. Fingernägel wachsen rund doppelt so schnell wie Zehennägel. Im Durchschnitt wächst ein Daumennagel etwa 0,1 Millimeter pro Tag. Es dauert also fünf bis sechs Monate, bis ein Fingernagel vollständig herausgewachsen ist.

Nägel müssen wie kaum ein anderer Körperteil mit extremen Belastungen fertig werden. Sie werden in heißes Wasser getaucht und sind scharfen Reinigungsmitteln, Chemikalien, Nässe, Kälte sowie Reibung fast ungeschützt ausgesetzt. Die Nagelplatte besteht zwar zu rund 18 Prozent aus Wasser, enthält aber im Gegensatz zur Haut kaum schützende Fette und feuchtigkeitsbindende Substanzen. Um stabil und elastisch zu bleiben, brauchen die Nägel deshalb ausreichend Fett und Feuchtigkeit. Wichtig: Verwenden Sie zum Händewaschen keine stark schäumenden Seifen, sondern sogenannte Waschöle. Sie reinigen ebenfalls, trocknen die Hände und Nägel aber aufgrund rückfettender pflanzlicher Öle nicht aus. Hände danach gut trockentupfen, jedoch nicht mit dem Handtuch rubbeln, sonst geht der Schutzfilm gleich wieder verloren. Ebenfalls nach jedem Händewaschen zu empfehlen: eine

Handcreme. Sie enthält Feuchtigkeitsbinder wie Glycerin, Panthenol oder Pflanzenöle – die helfen auch den Nägeln, mehr Wasser zu speichern. Und: Tragen Sie beim Putzen, Spülen und bei der Gartenarbeit möglichst Schutzhandschuhe.

Über die tägliche Pflege hinaus brauchen besonders Problemnägel von Zeit zu Zeit spezielle Zuwendung. Einmal im Monat ist ein Nagelpeeling ideal, um Verfärbungen der Nägel aufzuhellen und feinste Unebenheiten zu glätten. Es wird wie eine Creme auf den Nagel aufgetragen, muss über Nacht einwirken und kann am nächsten Morgen wie ein Lackfilm abgezogen werden. Auf ähnliche Weise arbeiten Polierfeile und -kissen. Zur wöchentlichen Pflege sollte ein Ölbad gehören. Dazu etwas Mandel-, Jojoba- oder Aprikosenkernöl in einem kleinen Glas- oder Porzellanschälchen in der Mikrowelle oder dem Wasserbad erwärmen. Fingerspitzen 10 bis 15 Minuten darin baden, mit einem Kosmetiktuch abtupfen und die Ölreste einmassieren. Wer wenig Zeit für große Pflegemaßnahmen hat, sollte sich einmal pro Woche eine Handmaske gönnen. Dafür eine dicke Schicht Handcreme auf Hände und Nägel auftragen, dünne Baumwollhandschuhe (gibt es in Geschäften für Fotobedarf) überstreifen und über Nacht einwirken lassen.

Sanfte Maniküre

Baden Sie die Hände vor der Maniküre kurz in lauwarmem Wasser. Das empfindliche Nagelhäutchen danach mit einem sogenannten Pferdefüßchen aus Holz oder Gummi vorsichtig zurückschieben. Ist die Nagelhaut stark verhärtet, wird sie durch einen Nagelhautentferner weicher. Feine Häutchen auf keinen Fall abschneiden oder gar abbeißen, sonst könnte sich das Nagelbett entzünden. Fingernägel sollten am besten gefeilt, nie mit der Schere oder dem Nagelknipser gekürzt werden. Wichtig: Feilen Sie erst, wenn die Nägel gut getrocknet sind, dann sind sie am widerstandsfähigsten. Metallfeilen, wie sie leider oft in Nagel-Necessaires stecken, sind Gift für die Nägel, sie können die einzelnen Nagelschichten regelrecht aufreißen. Besser und wesentlich sanfter zu den Nägeln sind Kristall-, Keramik- oder feine Sandblattfeilen. Damit immer nur in eine Richtung feilen, nie hin und her fahren. Kristallfeilen versiegeln und schützen die empfindlichen Nagelränder durch an der Feile haftende Mineralien. Besonders spröde Nägel werden mit einer speziellen Nagelcreme wieder elastisch und schön. Wer Nagellack benutzt, sollte einen acetonfreien Nagellackentferner mit pflegenden Ölen verwenden und ihn möglichst nur einmal pro Woche benutzen.

Mein Extratipp:
Das kann ins Auge gehen

Was nur wenige wissen: An juckenden Stellen, Entzündungen und Allergien am Auge kann Nagellack schuld sein. Denn er enthält häufig das Konservierungsmittel Formaldehyd, das auch als Nagelhärter wirkt. Da man sich unbewusst häufiger am Tag mit dem Finger ans Auge langt und die Haut dort dünner und allergieanfälliger als an den Händen ist, zeigen sich die Symptome oft nur dort. Liegt ein Verdacht vor, sollte man auf formaldehydfreie Nagellacke aus der Apotheke umsteigen. Wenn die Beschwerden verschwinden, lag es vermutlich am Nagellack.

Vitaminkur von innen

Wenn die Nägel trotz guter Pflege ständig abbrechen, kann eine Kur mit Biotin (Vitamin H) helfen. Hautärzte empfehlen, täglich eine Dosis von 2,5 Milligramm zu schlucken, und zwar im Rahmen einer sechsmonatigen Kur, also so lange, wie der Nagel braucht, um sich von der Wurzel her einmal komplett zu erneuern. Das wirkt allerdings nur, wenn dem Problem auch wirklich ein Biotinmangel zugrunde liegt.

Ansonsten fehlen häufig Mineralstoffe. Brüchige Fingernägel können ein Symptom für einen Eisen- oder Kalziummangel sein; wenn die Nägel zusätzlich wie Glas splittern, kann auch Magnesium fehlen. Ein Mangel an Zink, das beim Keratinaufbau eine entscheidende Rolle spielt, kann ebenfalls zu Nagelproblemen führen. Erkennbar ist dieses Defizit an feinen weißen Strichen oder quer verlaufenden Linien auf dem Nagel. Förderlich für schöne Nagel sind folgende Lebensmittel: Sojaprodukte wie Sojasprossen, Sojamilch oder Tofu, Vollkornprodukte, Nüsse, Kerne, Eier, Milchprodukte, gelbes, rotes und grünes Gemüse sowie hochwertige Pflanzenöle wie Oliven-, Raps- oder Nussöle.

Was Nägel verraten

Veränderungen an den Nägeln können auf körperliche Störungen hindeuten.

Weiße Flecken sind häufig Anzeichen kleinster Verletzungen der Nagelhaut, wie sie bei der Maniküre entstehen können, und meistens harmlos. In seltenen Fällen steckt ein Kalziummangel dahinter. Wenn die Flecken ständig vorhanden sind, lieber vom Arzt abklären lassen.

Quer- oder Längsrillen deuten auf einen Mangel an Vitaminen, Mineralstoffen oder Spurenelementen hin. Querrillen können auch durch zu aggressive Nagelpflege oder bei Durchblutungs- oder Ernährungsstörungen entstehen.

Dunkle Verfärbungen können auf einen Bluterguss unter dem Nagel hindeuten, der zum Beispiel durch eine Quetschung entstanden sein könnte. Bleibt die dunkle Verfärbung länger bestehen, kann sich auch ein dunkles Muttermal unter der Nagelmatrix gebildet haben – dann unbedingt beim Hautarzt abklären lassen, ob das Mal gutartig ist.

Gelbe Nägel entstehen häufig durch farbige Nagellacke, besonders in kräftigen Rottönen. Vor diesen unschönen Verfärbungen schützt – bedingt – ein Unterlack.

Holzartige, brüchige Nägel können auf einen Fußpilz, der häufig mit einem Nagelpilz einhergeht, hindeuten. Unbedingt vom Hautarzt abklären lassen – bei einem Nagelpilz verschreibt er meist eine Kombi-Behandlung aus Spezialnagellack und Tabletten, die konsequent über mehrere Monate durchgehalten werden muss.

Runde Dellen, Grübchen oder Tupfen sind häufig angeboren und harmlos. Treten allerdings sehr viele Tüpfchen auf, kann das auf eine Schuppenflechte hindeuten. Dann am besten von einem Arzt abklären lassen

Eingerissene Nägel entstehen leicht durch eine mechanische Beanspruchung, etwa wenn die Nägel häufig aggressiven Reinigungsmitteln, scharfer Seife oder Chemikalien ausgesetzt sind. Die obersten Nagelschichten können sich dadurch ablösen, der Nagel wird dünner und reißt leichter ein. Tragen Sie zur Vorbeugung Gummihandschuhe mit Baumwollinnenfutter, während Sie mit Wasser, Seife und anderen Substanzen hantieren. Falls der Nagel dennoch einreißt: So weit wie möglich kürzen und mit Nagelkleber oder einem Spezialvlies kitten.

Ein entzündetes Nagelbett (Paronychie) entsteht meist durch Verletzungen bei der Nagelpflege und anschließende Infektion durch Bakterien oder Pilze. Der Arzt behandelt das Ganze mit einer antibiotischen Creme oder einem Mittel gegen Pilze.

Strahlend schön: Zähne zum Vorzeigen

Schönheit findet auch im Mund statt. Das wissen meine Töchter Nele und Nika zwar noch nicht, putzen aber – seit wir eine elektrische Zahnbürste mit Disney-Figuren und Musik haben – umso lieber die Zähne. Toll finde ich auch, dass Kinder heute bei speziellen Kids-Docs behandelt werden, die mit Videos, Spielzeug und spielerischer Erklärung dafür sorgen, dass die Kleinen sogar richtig gerne zum Zahnarzt gehen. Auch ich finde gepflegte Zähne sehr wichtig. Was nützt eine schöne Haut, wenn man den Mund zum Lächeln öffnet und sich dort eine Baustelle auftut.

In Hollywood gehören strahlend weiße Zähne längst zu den modischen Must-haves. Das dort favorisierte »Tipp-Ex-Weiß« von Stars und Sternchen mag uns zu künstlich erscheinen. Doch ein wenig hellere Beißerchen hätte wohl fast jeder gern. Die bekommt man heute blitzschnell beim Zahnarzt oder sogar zuhause. Auch kleine Zahnfehlstellungen und Lücken lassen sich heute mit einfachen Methoden in der Praxis kaschieren. Wenn Sie also auch aus dem Mund von innen heraus strahlen wollen, sind dies die neuesten Methoden für schönere Zähne:

Kein Mut zur Lücke: Veneers

Auch, wenn es das Markenzeichen mancher Stars wie Madonna oder Vanessa Paradis ist: Zahnlücken sind nur selten attraktiv. Korrigieren lässt sich das mit sogenannten Veneers meist in wenigen Sitzungen. Die eigenen Zähne werden dafür in lokaler Betäubung minimal beschliffen, damit die Verblendungen dauerhaft aufgeklebt werden können. Die Kosten werden bei medizinischer Indikation und gravierenden Zahnfehlstellungen von privaten Krankenversicherungen übernommen.

Blendend: Home-Bleaching

Durch Nikotin, Rotwein, aber auch Tee dunkeln die Zähne im Laufe der Zeit nach. Bleichmacher-Gele machen da wieder klar Schiff und hellen um bis zu sechs Nuancen auf. Sie arbeiten mit Wasserstoffperoxid oder Carbamidperoxid. Beide Substanzen werden im Mund in Sauerstoff umgewandelt, der in den Zahnschmelz eindringt und dort Verfärbungen aufhellt. Bleichgele gibt es in Form von transparenten Strips, die auf die Zahnfronten geklebt werden, als Gel zum Aufpinseln oder als Stick. Alle Produkte sollten über 14 Tage ein- bis zweimal täglich verwendet werden. Die Strips müssen 30 Minuten auf den Zähnen bleiben (dabei nicht sprechen oder trinken) und werden dann abgezogen. Die Gele zum Aufpinseln bleiben meist über Nacht auf den Zähnen. Relativ häufig kommen bei der Anwendung leichte Irritationen vor. Besonders, wenn das Zahnfleisch etwa durch unsanftes Putzen winzige Verletzungen hat. Und aufhellen lassen sich nur die natürlichen Zähne. Bei Füllungen, Kronen oder auch Implantaten wirken die Bleaching-Gele leider nicht.

White Rooms: Profi-Bleaching

Um sterile Zahnarztpraxen machen viele Menschen mit rein kosmetischen Zahnproblemen gerne einen Bogen. Geradezu einladend wirken dagegen die neuen White Rooms, trendig gestylte Lounges, in denen Profis sich um das Weiß Ihrer Zähne kümmern. In Großstädten werden gerade immer mehr dieser neuen Bleaching-Zentren eröffnet. Nach ausführlicher Information per Video kann man sich innerhalb von zwei Stunden in entspannter Day-Spa-Atmosphäre ein strahlenderes Lächeln zaubern lassen. Grundlage ist immer eine professionelle Reinigung mit dem Airflow-System, dann werden die Zähne mittels eines Aufhellungsgels und einer Speziallampe gebleicht. Zum Schluss werden die Zähne mit Fluoriden poliert und versiegelt. Die Zähne können um sieben bis acht Nuancen aufgehellt werden.

Rubbelkur: Whitening-Zahncremes

Bei leichteren Verfärbungen hilft eine Rubbelkur mit speziellen Weißmacher-Zahncremes. Sie enthalten einen größeren Anteil von sogenannten Putzkörpern als normale Zahnpasten. Putzkörper sind feinste, abgerundete Kreide- oder Aluminiumoxid-Partikelchen, die die Beläge einfach auf mechanischem Weg sanft abschrubbern. Unterstützt werden sie durch Enzyme, die besonders gut eiweißhaltige Ablagerungen entfernen. Wer normal empfindliche Zähne und Zahnfleisch hat, kann die Pasten ruhig täglich verwenden. Und zwischendurch helfen zuckerfreie Zahnpflege-Kaugummis, die mit Mikrogranulaten Verfärbungen bekämpfen, das Kariesrisiko minimieren und gleichzeitig für frischen Atem sorgen.

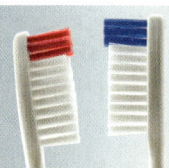

Mein Extratipp: Die richtige Zahnpflege

◆ Zähne nach der KAI-Formel putzen: erst die Kauflächen, dann die Außenseiten und schließlich die Innenseiten. Immer von rot nach weiß mit leicht kreisenden Bewegungen, zwei Minuten lang.
◆ Mindestens einmal am Tag vor dem Putzen die Zwischenräume mit Zahnseide reinigen.

◆ Zweimal im Jahr zum Zahnarzt gehen und ebenfalls zweimal im Jahr einen Prophylaxe-Termin zur professionellen Zahnreinigung wahrnehmen.

◆ Zunge reinigen nicht vergessen – gerade im hinteren Teil sammeln sich oft Bakterien. Die entsprechenden Bürstchen gibt es in jeder Drogerie.

◆ Viel grünen Tee trinken, Walnüsse, Petersilie und weiße Bohnen essen. Alle liefern viel Fluor, das härtet den Zahnschmelz.

◆ Zähne nicht sofort nach dem Genuss säurehaltiger Lebensmittel wie Obst, Fruchtsäfte, Wein putzen, sonst bürstet man die Säure erst richtig in den Zahnschmelz ein. Nach dem Essen mindestens 15 Minuten bis zum Zähneputzen warten.

Kleine Beauty-Helfer

Eine schöne Gesichtscreme ist für mich das A und O der Pflege. Sie muss gut duften, eine angenehme Konsistenz haben, intensiv pflegen, sich aber dennoch leicht auf der Haut anfühlen. Wichtig ist mir auch eine gute Augencreme sowie eine Handcreme. Gerade diesen beiden Körperregionen sieht man das Altern nämlich leider schnell an. Was ich immer in meiner Handtasche habe, ist ein Feuchtigkeitsserum. Denn egal, ob im Sender oder auf Reisen im Flugzeug: Meine Haut ist eigentlich immer zu trocken und lechzt meist geradezu nach Feuchtigkeit. Wirkstoff-Cremes mit Anti-Aging-Effekt sind ebenfalls toll. Eine befreundete Hautärztin hat mir auch erklärt, dass deren Wirkung kein reiner Marketing-Gag ist, sondern dass bestimmte Inhaltsstoffe in den Tiefen der Haut durchaus eine verjüngende Wirkung haben. Im Folgenden habe ich die wichtigsten zusammengestellt.

Das Hautpflege-ABC

AHA

Diese drei Buchstaben stehen für Alpha-Hydroxysäure. Das sind natürliche oder im Labor nachgebildete Fruchtsäuren. Sie kommen in Äpfeln, Trauben, Oliven, Zuckerrohr oder Milch vor. AHAs wirken wie ein sanftes Peeling, indem sie die abgestorbenen Hautzellen lösen und die Haut so glatter und weicher erscheinen lassen. Fruchtsäuren stecken in niedriger Dosierung in Anti-Aging-Cremes, in höheren Konzentrationen verwenden Kosmetikerinnen und Ärzte sie für leichte bis mittelstarke Peelings. Sehr empfindliche Haut kann manchmal mit Brennen oder Rötungen auf AHAs reagieren – dann sind Cremes mit sogenannten PHAs (Poly-Hydroxysäuren) eine sanftere Alternative.

Antioxidantien

Zu ihnen gehören Betacarotin, Vitamin C und Vitamin E. Sie sind in der Lage, freie Radikale auszubremsen, indem sie ihnen einfach ein freies Sauerstoffatom abnehmen und sie so unschädlich machen. Weitere Radikalefänger sind die Spurenelemente Kupfer, Selen und Zink, aber auch grüner Tee, Ginkgo, rote Trauben und Extrakte aus Rotwein. Antioxidantien sind in vielen Gesichtscremes enthalten, wirken aber auch gut in Tablettenform.

Beta-Hydroxysäure

Die »kleinen«, sanften Schwestern der Alpha-Hydroxysäuren sind die Beta-Hydroxysäuren. Am bekanntesten ist die Salicylsäure, die unter anderem aus Birkenrinde hergestellt wird. Sie hat eine hornschüppchenlösende Wirkung, spendet zudem noch Feuchtigkeit und steckt beispielsweise in Pflegeserien für unreine Haut.

Bio-Botox

Mit echtem Botox, einem Nervengift, das zur Mimikfaltenglättung gespritzt wird, hat »Bio-Botox« nichts zu tun. Die Wirkung ist allerdings eine ähnliche. Wirkstoffe wie Gamma-Aminobuttersäure (GABA), aber auch Wirkstoffkomplexe aus Magnesium oder Mangan deaktivieren indirekt die Ausschüttung des Botenstoffs Acetylcholin, der für die Muskelanspannung zuständig ist. Mimikfältchen lassen sich so zumindest temporär für einige Stunden glätten. Cremes mit einer muskelentspannenden Wirkung sind ideal, wenn die Haut zu tieferen Mimikfältchen um den Mund, an der Stirn oder um die Augen neigt, und können auf dem ganzen Gesicht aufgetragen werden.

Ceramide

Das sind hauteigene Lipide, die als Bausteine im Fett der Hornschicht zum Einsatz kommen. Sie schützen die Haut vor Feuchtigkeitsverlust, machen sie geschmeidig und widerstandsfähiger gegen Umwelteinflüsse. Mit zunehmendem Alter verringert sich die Anzahl der Ceramide in der Haut. In Pflegeprodukte werden deshalb pflanzliche Ceramide eingearbeitet, die diesen Verlust wieder ausgleichen sollen.

Edle Steine und Metalle

Ihre Wirkung auf Body & Soul ist nicht neu, sondern seit der Antike bekannt. Heute haben Kosmetikforscher wieder die ganz besonderen Eigenschaften ihrer kostbaren Inhaltsstoffe entdeckt. So wirken beispielsweise Gold und Silber antibakteriell, in flüssiger Form haben sie zudem eine beruhigende Wirkung auf gestresste Haut. Mikrofein gemahlenes Edelsteinpulver soll die Hautzellen mit neuer Energie versorgen: Brasilianischer Malachit absorbiert Lichtenergie und gibt den Zellen neue Power. Turmaline haben eine ähnlich energiespendende Wirkung auf müde, gestresste Haut. Neu in Sachen Kosmetik ist der silbriggraue Obsidian, der aus kieselsäurereicher Lava entsteht. Der

Obsidian wirkt in einer Creme auf zweierlei Weise: Er kurbelt durch seinen hohen Mineraliengehalt alle Zellfunktionen an und verleiht der Haut schon beim Auftragen durch seine »Weichzeichner«-Eigenschaften ein ebenmäßiges Aussehen.

Elastin

Das Protein bildet den Hauptbestandteil der elastischen Fasern im Bindegewebe. Mit zunehmendem Alter leiern diese Fasern regelrecht aus. Folge: Die Haut erscheint weniger straff und bekommt Fältchen. Speziell in High-Tech-Verfahren aufbereitet, kann tierisches Elastin in Cremes die Bildung neuer, junger elastischer Fasern im Bindegewebe anregen.

Enzyme

Sie sind die Motoren für alle Stoffwechselvorgänge im Körper. Ohne Enzyme würde unser Körper buchstäblich stillstehen. Jedes der rund 10 000 Enzyme im Körper hat eine ganz spezielle Funktion. Einige sind für die Bildung von Kollagenfasern, andere für die Reparatur von Hautschäden zuständig. Enzyme wie Pankreatin oder Trypsin gibt es in Tablettenform. Sie sollen vor allem gegen Entzündungen im Körper helfen. In Kosmetikprodukten helfen pflanzliche und tierische Enzyme, abgestorbene Hornschüppchen abzutragen, vor freien Radikalen zu schützen oder sogar Sonnenschäden der Haut zu reparieren, wie etwa das Enzym Endonuclease. Manche Kosmetikprodukte arbeiten mit Enzymhemmern, die hauteigene zellzerstörende Enzyme bremsen.

Ginseng

Diese Staudenpflanze wird seit Jahrtausenden in der asiatischen Medizin eingesetzt. Bei innerlicher Anwendung hilft sie gegen Müdigkeit und Stress. Und genau so einen Wake-up-Effekt hat sie auch für die Haut. In Cremes eingesetzt, kurbelt Ginseng die Mikrozirkulation der Haut an, fördert so die Versorgung der Zellen mit Nährstoffen und gibt ihr neue Energie. Das Ergebnis ist ein strahlenderer, rosiger Teint und eine Haut, die optimal mit Feuchtigkeit versorgt ist. Um das Ginseng-Extrakt besonders wirksam zu machen und in tiefere Hautschichten zu schleusen, wird es in vielen Cremes mikroverkapselt eingesetzt.

Glucosamine

Diese Zucker-Eiweißverbindungen regen die körpereigene Kollagen-produktion an. Ursprünglich wurden sie zur Behandlung von Athritis eingesetzt. In Cremes angewandt, polstern sie die Haut von innen her auf und machen sie glatter und geschmeidiger.

Hefe

Hefe steckt nicht nur in Kuchen- oder Pizzateig, sondern ist ein toller Anti-Aging-Wirkstoff für die Haut. Denn Hefe produziert unter anderem höchst wirksame Radikalenfänger und stärkt die Barriereschicht der Haut, indem sie die hauteigene Lipidproduktion ankurbelt. Außerdem kann der clevere Pilz Signale in tiefere Hautschichten senden, damit mehr Kollagenfasern gebildet werden. So wird die Haut von unten her aufgepolstert, kleine Fältchen glätten sich. Die Zellwände der Hefe enthalten Zuckerverbindungen, die die Immunzellen der Haut stärken sollen – ideal für sensible Haut und Allergikerinnen. Hefe steckt heute in vielen Gesichtscremes, lässt sich aber auch in Pillenform schlucken. Selen-Hefe-Tabletten aus der Apotheke helfen gleich zweifach gegen freie Radikale.

Hyaluronsäure

Sie ist der Klassiker und heimliche Liebling der Kosmetikindustrie unter den Beauty-Wirkstoffen – und das zu Recht. Hyaluronsäure ist ein wichtiger Bestandteil unseres Bindegewebes und ein exzellenter Feuchtigkeitsspeicher. Sie kann Wasser wie ein Mikroschwämmchen binden und füllt die Räume zwischen den Kollagenfasern auf. Sind diese Schwämmchen ausreichend vorhanden und prall gefüllt, wirkt die Haut schön glatt und straff. Hyaluronsäure in Beauty-Cremes wird immer synthetisch im Labor hergestellt und ist nicht tierischen Ursprungs, so ist sie besonders rein und allergiearm. Es gibt auch Cremes mit sogenannten Saponinen, die wiederum die hauteigene Hyaluronsäure-Bildung anregen. Ärzte verwenden Hyaluronsäure in verschiedenen Konsistenzen auch zum Unterspritzen von Falten. Sie polstert die Falten von innen her auf und wird innerhalb einiger Monate vom Körper wieder abgebaut.

Kollagen

30 Prozent unseres Bindegewebes bestehen aus dieser Stützsubstanz. Im Laufe der Zeit verändert das Kollagen seine Struktur, die Haut erscheint weniger straff und verliert an Elastizität. Cremes mit tierischen und pflanzlichen Kollagenen sollen der Haut helfen, neue Fasern zu bilden. Ärzte spritzen die Stützsubstanz auch gerne unter die Haut, um Fältchen oder zu schmale Lippen aufzupolstern. Da das aus Rinderhäuten gewonnene tierische Kollagen dem menschlichen sehr ähnlich ist, wird es normalerweise gut vertragen. Dennoch wird eine Testinjektion am Unterarm vor dem Eingriff empfohlen. Nach acht Monaten hat der Körper einen Großteil des Kollagens wieder abgebaut.

Mineralien und Phosphor

Mineralstoffe sind nicht nur in Lebensmitteln von entscheidender Bedeutung, auch in Cremes sind sie echte Nahrung für die Haut. So sorgt beispielsweise Kalzium für eine besonders gute Nährstoffversorgung und verbessert auch die Kommunikation zwischen den einzelnen Hautzellen. Außerdem hilft es bei der Bildung einer intakten Zellstruktur – das ist wichtig für eine gesunde Hautbarriereschicht. Und die schützt wiederum die Haut vor dem Eindringen von Schadstoffen und verhindert, dass zu viel Feuchtigkeit entweicht. Unterstützt wird Kalzium dabei von Magnesium und Phosphor. Beide gelten als Energielieferanten, kurbeln zusätzlich die Kalziumbildung an und stimulieren Zellatmung sowie Hautstoffwechsel.

Orchideenextrakt

Unter den Pflanzen sind Orchideen die Forever-Young-Experten. Sie haben eine besonders lange Lebensdauer und trotzen auch extremen Umweltbedingungen. Wasser beispielsweise brauchen sie nur tropfenweise und höchstens einmal pro Woche. Forscher haben jetzt entdeckt, warum das so ist: Orchideen, besonders ihre Wurzeln, enthalten Zellen, die praktisch alterslos sind. Moleküle der Orchideenwurzeln, aber auch der übrigen Pflanze, wurden jetzt in Cremes eingearbeitet. Sie sollen die Hautzellen dazu bringen, sich wieder wie junge Zellen zu verhalten, sich also öfter zu teilen.

Peptide

Sie sind zurzeit die Shooting-Stars unter den Wirkstoffen. In der Medizin wurden sie bisher zur besseren Wundheilung eingesetzt, weil sie körpereigene Reparaturmechanismen in Gang setzen. In Beauty-Cremes stecken meist Polypeptide oder auch Dipeptide, das sind Eiweißketten aus zwei oder mehr Aminosäuren. Sie bringen die zelleigene Regeneration ordentlich in Schwung und sorgen dafür, dass die Zellerneuerung an der Hautoberfläche mit bis zu doppelter Geschwindigkeit abläuft. Zudem helfen Peptide mit, dass sich mehr kollagene Fasern im Bindegewebe bilden, die wie eine Art Polster unter den Fältchen wirken und die Haut so glatter erscheinen lassen. Und: Peptide sind die Nr. 1 unter den Radikalenfängern. Im Vergleich zu den klassischen Zellschützern wie Vitamin A und E sollen sie sogar um 30 Prozent effektiver sein. Nach dem Motto »Zusammen sind wir stärker« ließ sich zudem im Zusammenspiel von Peptiden mit bewährten Radikalenfängern wie Vitamin E oder grünem Tee eine Synergie-Wirkung feststellen.

Q10

Das Co-Enzym Q10 ist wichtig für Spitzenleistungen des menschlichen Körpers. Nur mit seiner Hilfe kann in den Kraftwerken der Zelle, den Mitochondrien, Energie gewonnen werden. Q10 neutralisiert außerdem freie Radikale und kann die Haut so vor frühzeitigen Fältchen und Sonnenschäden bewahren. In gewissem Umfang kann der Körper das Co-Enzym selber herstellen, mit dem Alter werden die körpereigenen Depots allerdings kleiner. Das Co-Enzym Q10 gibt es in Form von Tabletten, aber auch als Wirkstoff in Gesichtscremes.

Retinol (Vitamin A)

Viele Experten halten Vitamin A für eine wahre Wunderwaffe gegen Fältchen. Es sorgt für einen Großputz in der Haut, kurbelt die Produktion neuer Hautzellen an und stimuliert die Bildung von Kollagen. Außerdem kann es kleine Hautschäden, entstanden etwa durch zu viel Sonne, reparieren und hilft der Haut, Feuchtigkeit zu speichern. Vitamin A ist in vielen Antifalten-Cremes enthalten, lässt sich aber auch über die Nahrung oder in Tablettenform aufnehmen. Reich an Vitamin A sind Eier, Milchprodukte und Leber.

Sauerstoff

Der Beauty-Wirkstoff zum Nulltarif: Sauerstoff. Nur wenn die Zellen ausreichend mit dem Luftikus versorgt sind, sieht auch die Haut strahlend, glatt und rosig aus. Leider reduziert sich der Sauerstoffgehalt in den Zellen bereits ab 25. Stress oder Rauchen verringern den Anteil noch einmal dramatisch – man kann nicht oft genug darauf hinweisen. Am schnellsten lassen sich die Sauerstoffdepots durch kräftiges Einatmen auffüllen, am besten an der frischen Luft und bei zügiger Bewegung. Zweitbeste Möglichkeit: Sauerstoff-Bars oder mit einer Extraportion Sauerstoff angereichertes Mineralwasser. Es gibt auch Gesichtscremes und Seren mit dem Power-Stoff.

Vitamin C (Ascorbinsäure)

Vitamin C wirkt wie ein kleines Schutzmäntelchen auf die Hautzellen, denn es hält freie Radikale davon ab, die Zellkerne zu zerstören. Zudem ist es entscheidend an der Bildung neuer kollagener Fasern beteiligt und sorgt für eine straffe, glatte Haut. Vitamin C hat außerdem eine bleichende und vorbeugende Wirkung bei Pigmentflecken, da es den Transport von Melanin an die Hautoberfläche bremst. Vitamin C kann vom Körper nicht selbst hergestellt werden. Man nimmt es mit der Nahrung auf oder trägt es als Wirkstoff in Cremes auf. Trifft es in einem Beauty-Produkt auf Vitamin E, verstärkt sich die antioxidative Wirkung noch. Da Vitamin C empfindlich gegen Licht und Sauerstoff ist, wird es in Cremes an feuchtigkeitsbindende Substanzen wie beispielsweise Glycerin gebunden, oder es steckt in kleinen Schutzhüllen aus Silikon, die für ein besonders seidiges Gefühl beim Auftragen der Creme sorgen. Stress und Rauchen sind übrigens echte Vitamin-C-Räuber.

Power für die Haut

Augenschatten? Fahler Teint? Manchmal braucht die Haut eine Extraportion Pflege, etwa, wenn sie nach einem Urlaub von Sonne und Meer ausgelaugt ist, wenn man viel Stress und wenig Auszeiten hatte, oder wenn man sich gesundheitlich angeschlagen fühlt. Dann müssen echte Experten ans Werk, die die Haut mit einer Powerdosis an Wirkstoffen versorgen oder Spezialisten für ganz besondere Aufgaben sind. Denn manchmal ist eine normale Gesichtscreme einfach nicht genug ...

Tiefenwirkung: Masken

Masken sind im Vergleich zu Cremes wahre Energiespender, denn sie enthalten bis zu fünffach höher konzentrierte Inhaltsstoffe. Masken arbeiten alle nach einem einfachen, aber höchst wirksamen Prinzip: Nach dem

Auftragen staut sich die Wärme zwischen der Maske und der Haut – das nennt man Okklusiv-Effekt. Dieser kurbelt die Durchblutung an, und die Poren öffnen sich. Dadurch können die Inhaltsstoffe besser in die Haut eindringen und arbeiten effektiver. Je nach Typ, spenden die neuen Masken entweder intensiv Feuchtigkeit oder straffen die Haut wie bei einem Mini-Lifting. Als »Durstlöscher« fungieren feuchtigkeitsbindende Inhaltsstoffe wie Hyaluronsäure, Harnstoff oder auch Extrakte aus wasserspeichernden Pflanzen wie Algen oder Aloe vera. Diese Substanzen sorgen sofort nach dem Auftragen dafür, dass die Hornschüppchen ein wenig aufquellen. Die Haut wird so von innen her aufgepolstert und wirkt praller. Praktisch: Die meisten Masken sind heute Blitzarbeiter und müssen nur noch fünf bis zehn Minuten einwirken.

Entfaltungsmöglichkeiten: Ampullen

Wenn die Haut gestresst wirkt, auf jede Kleinigkeit und Umwelteinflüsse extremer als normal reagiert, braucht sie besondere Streicheleinheiten. Ampullen und Intensiv-Pflegekapseln sind prall gefüllt mit Wirkstoffkonzentraten. Aufgrund ihrer aufwändigen Verpackung können die Einmal-Dosen auch sehr licht- und luftempfindliche Inhaltsstoffe wie beispielsweise das kleine Sensibelchen Vitamin C ideal konservieren. So perfekt geschützt, entfalten sie erst in tieferen Hautschichten optimal ihre Wirkung und packen damit das Übel an seiner Wurzel. Zudem sind die Miniportionen besonders hygienisch und auch ideal für sensible Haut, weil sie ohne Konservierungsstoffe auskommen. Bei Ampullen und Kapseln sind die Inhaltsstoffe meist in hochwertigen Ölen wie Jojoba- oder Traubenkernöl gelöst. Sie enthalten hautverwandte Fettsäuren, die die Haut besonders im Winter gut gebrauchen kann. Deshalb sind Ampullen für alle Hauttypen mit Ausnahme von fettiger Haut geeignet. Außerdem enthalten die Mini-Pflegeeinheiten oft fettlösliche Vitamine wie Vitamin E (fängt freie Radikale ein) oder Vitamin A (regt die Zellteilung an). Wichtig: Tragen

Sie Kapseln und Ampullen auf Ölbasis nicht zu nah am Auge auf, da das Öl den empfindlichen Tränenfilm durcheinanderbringen könnte.

Lichtblicke garantiert: Augencreme

Die Haut um die Augen ist zehnmal dünner als die übrige Gesichtshaut, hat kaum Talgdrüsen und wird durch permanente Mimik strapaziert. Kein Wunder, dass sich Fältchen hier besonders schnell zeigen. Spezielle Augencremes sind die Experten für diese sensible Partie. Sie enthalten je nach Problem glättende, straffende und abschwellende Wirkstoffe, manche können sogar Augenschatten aufhellen. Augencremes besitzen einen großen Vorteil gegenüber normalen Gesichtscremes: Sie sind meist nicht oder nur wenig parfümiert und enthalten keine Öle, die ins Auge gelangen können. So werden empfindliche Augen nicht gereizt und der Tränenfilm kommt nicht aus der Balance.

Straffe Sache: Bodylotions

Gerade in der kalten Jahreszeit kann sich die Haut oft selbst nicht helfen, ist trocken, schuppig und spannt. Dagegen hilft nur tägliches Eincremen mit einer reichhaltigen Bodylotion. Kaufen Sie am besten eine nur leicht parfümierte oder besser noch duftstofffreie Lotion, so gibt es keine Konkurrenz zu ihrem Lieblingsparfüm. Ganz besonders trockene und rissige Stellen freuen sich über eine üppigere Körpercreme.

Alles wird glatt: Anti-Cellulite-Cremes

Die gute Nachricht zuerst: Ein Anti-Cellulite-Produkt macht die Haut an den Problemzonen glatter, zarter und ein wenig straffer. Und nun die schlechte: Keine Creme dieser Welt kann starke Cellulite-Dellen wegzaubern. Eine sichtbare Veränderung des Hautbilds können Sie nur durch die Kombination von Sport, eventueller Gewichtsabnahme und einer ausgewogenen Ernährung erreichen. Eine Anti-Cellulite-Creme kann den hautstraffenden Prozess unterstützen – immerhin.

Andie McDowell, Schauspielerin & Model:

Ich benutze am liebsten ein flüssiges Make-up, weil sich das weniger in kleinen Fältchen absetzt. Sensationell sind spezielle Anti-Aging-Foundations mit lichtreflektierenden Partikelchen. Sie lenken optisch von Linien und Unebenheiten ab, lassen den Teint rosiger wirken und geben einen gesunden Schimmer, der reiferer Haut oft fehlt.

Strammgestanden: Dekolleté-Cremes

Ob der Busen schön straff ist und nicht den Gesetzen der Schwerkraft gehorcht, hängt in erster Linie von der Brustmuskulatur und vom Zustand des Bindegewebes ab. Beides lässt sich leider nicht entscheidend durch eine Creme beeinflussen. Die Muskulatur können Sie trainieren (etwa mit Hanteln oder am Butterfly-Gerät), ein stabiles Bindegewebe ist genetisch und /oder hormonell bedingt. Eine Busen-Creme macht die Haut zwar zart und lässt das Dekolleté glatter und ein wenig praller wirken. Gegen einen erschlafften Busen, beispielsweise nach einer Schwangerschaft, kann sie jedoch nichts ausrichten – das schafft nur die Schönheitschirurgie.

Schummel-Schimmer: Selbstbräuner

Selbstbräuner sind die mit Abstand gesündeste und preiswerteste Art, das ganze Jahr über zart gebräunt auszusehen. Sie färben mit harmlosen Zuckerverbindungen nur die oberste Hornschicht – laut Dermatologen ist das völlig unschädlich für die Haut. Besonders praktisch sind auch Bodylotions mit einem geringen Anteil an selbstbräunenden Wirkstoffen. Übrigens brauchen Sie keine verschiedenen Selbstbräuner fürs Gesicht und für den Körper – bei normaler oder leicht fettiger Haut reicht die leichtere Konsistenz eines Body-Selbstbräuners auch für das Gesicht völlig aus.

Altersvorsorge: Sonnenschutzmittel

Sonnenschutzcremes sind eine echte Altersvorsorge, denn die Sonne ist der größte Feind der Haut. Alles, was Sie zum Schutz wirklich brauchen, sind zwei verschiedene Sonnencremes: eine Milch oder Lotion mit mittlerem Lichtschutzfaktor (12 oder 15) für den Körper und eine Creme mit hohem bis sehr hohem Lichtschutzfaktor (40 oder 50+) für sonnenempfindliche Zonen wie Gesicht oder Dekolleté, die schnell zu Knitterfältchen neigen. Doch die Sonne scheint nicht nur im Urlaub: Achten Sie auch bei Ihrer normalen Tagescreme oder dem Make-up auf einen Lichtschutzfaktor von mindestens 8.

Mirja du Mont, Model:

Ich habe eine helle, empfindliche Haut. Deshalb gehe ich niemals ohne Lichtschutzfaktor aus dem Haus. Solarien sind für mich absolut tabu, und auch die echte Sonne meide ich, so gut es geht. Denn sie ist nun mal der Hautalterungsfaktor Nr. 1. Damit die Haut schön prall aussieht, trinke ich viel Wasser. Vor kurzem habe ich Q10-Beautywasser entdeckt, es wirkt tatsächlich. Es enthält das Co-Enzym Q10 und Vitamin E. Beide wirken gegen freie Radikale und regen die Zellteilung an.

Zum Abgewöhnen: Die schlimmsten Beauty-Sünden

Von Sandra Bullock habe ich mal gehört, dass sie sich aus Langeweile auf Fernflügen die Härchen an den Armen mit einer Pinzette auszupft. Eine ungewöhnliche Obsession, aber ich kenne genug Frauen, die es lieben, vor dem Vergrößerungsspiegel im Bad jedem Mitesser einzeln den Kampf anzusagen oder dauernd die Stirn runzeln, bis Botox als einzige Lösung erscheint. Oder Sie kürzen Ihren Pony so lange selber, bis nur noch der Spruch »Das wächst ja wieder nach« tröstet. Hier meine wichtigsten Punkte in Sachen »Bitte abgewöhnen«:

Nagelhaut schneiden

Einfach lästig, wenn man mit rissiger Nagelhaut an den teuren Nylons hängenbleibt. Jetzt bloß nicht zur Schere greifen, das kann schnell zu Entzündungen führen. SOS-Hilfe: Mit einer feinkörnigen Profi-Feile die Nagelhaut ein wenig glätten. Langfristig hilft nur Pflege: Jeden Abend eine kleine Menge Nagelöl einmassieren.

Pickel mit Gewalt ausdrücken

Ihr liebstes Bad-Accessoire ist der Vergrößerungsspiegel? Weil Sie dort selbst winzige Mitesser und Pickelchen sofort entdecken und eliminieren können? Schluss damit! Denn zwanghaftes Herumdrücken an Unreinheiten verschlimmert die Sache meist nur. Man drückt den Talg nur tiefer in die Haut, die Entzündung wird stärker und hält länger an. Besser: Einen antibakteriellen Pickelstift auftupfen – und die Unreinheiten alle acht Wochen von der Kosmetikerin entfernen lassen.

Zu häufige Peelings

Ein Peeling lässt den Teint rosig schimmern, löst abgestorbene Hautschüppchen und macht den Weg frei für Beauty-Wirkstoffe. Übertreiben Sie es aber nicht mit den kleinen Abreibungen, ein- bis maximal zweimal pro Woche ist völlig ausreichend. Wird die Haut nämlich zu oft gereizt, kann sie mit Irritationen reagieren und produziert zudem als Schutz Unmengen neuer Hornschüppchen. Extratipp: Bei empfindlicher Haut auf rubbelfreie Enzym-Peelings setzen, denn die lösen die Hornzellen sanft auf biochemischem Weg.

Lippen ständig lecken

Wer trockene Lippen hat, neigt dazu, sie ständig mit der Zunge zu befeuchten. Das ist gar nicht gut: Der Speichel verdunstet sofort auf der zarten Haut, entzieht den Lippen dadurch ihre eigene Restfeuchtigkeit und macht sie noch spröder. Tupfen Sie zur schnellen Abhilfe etwas festen Honig auf die Lippen und lassen Sie ihn zehn Minuten wirken. Die süße Kur wirkt extrem feuchtigkeitsspendend. Ansonsten gilt: Gerade in der kalten Jahreszeit mehrmals täglich einen Pflegebalm oder Lipstick mit Pflegewirkung verwenden.

Hornhaut raspeln

Zarte Füße sind auch in Stiefeln und Stiefeletten Pflicht. Doch bitte nicht zur Feile greifen, denn der Fuß braucht eine dünne Hornschicht als Schutz. Als Reaktion auf ständiges Raspeln verstärkt sich die Hornhaut nur immer mehr. Ideal sind Fußcremes, die mit Urea für Feuchtigkeit sorgen und mit Salicylsäure die Hornhautbildung verringern.

Die Augen mit Babyöl abschminken

Wasserfeste Mascara, flüssiger Lidstrich und dickere Lidschattenschichten lassen sich nur mit einem speziellen ölhaltigen Augen-Makeup-Entferner lösen. Diese Zwei-Phasen-Schüttellotionen enthalten meist Silikonöle, die die Augen nicht reizen und sogar eine pflegende Wirkung auf die zarte Partie haben. Sparen Sie nicht daran, denn Babyöl oder gar Vaseline sind keine gute Alternative. Sie können ins Auge kriechen und dort die Zusammensetzung des Tränenfilms nachhaltig verändern.

Beine übereinanderschlagen

Zugegeben, die Haltung ist bequem und sieht lässig aus. Wer aber ständig mit übereinandergeschlagenen Beinen sitzt, tut weder dem Bindegewebe noch den Venen etwas Gutes. Denn durch die Haltung wird die Durchblutung in den Beingefäßen behindert. Das begünstigt einerseits

Cellulite-Dellen, weil die Zellen nicht mehr ausreichend mit Nähr-stoffen versorgt werden und die Mikrozirkulation behindert ist. Zum anderen führt es zu Schwellungen und einem Schweregefühl in den Beinen. Und wer sowieso anfällig für Venenprobleme ist, kann im Laufe der Zeit durch die schlechte Haltung sogar Besenreiser und Krampfadern bekommen.

Das Gesicht ständig mit den Händen abstützen

Ob grübelnd am Schreibtisch oder beim Flirt mit dem Traummann: Viele Frauen neigen dazu, ihr Gesicht ständig mit den Händen abzu-stützen. Das sieht nicht nur unschön aus, sondern ist auch Gift für die Haut. Denn durch das Abstützen wird die obere Gesichtspartie nach oben geschoben, Fältchen können sich so regelrecht eingraben. Außerdem gelangen durch die Hände Bakterien und Schmutz-partikelchen auf die Partien rund um das Kinn, die zu Mitessern und Pickelchen führen können.

Haare mit Billig-Gummis abbinden

Wenn Sie mal wieder einen Bad-Hair-Day erwischt haben, heißt die schnelle Lösung meist: Haare zum Zopf zusammenbinden. Doch Achtung, ein simples Haushaltsgummi ist keine gute Lösung. Es sitzt meist sehr stramm, und die Haare können so auf Dauer brechen. Außerdem ziept es höllisch beim Abziehen, weil sich die Haare an dem rohen Gummi schnell verheddern. Besser sind ummantelte oder mit Stoff bezogene Haargummis, die den Zopf locker halten und ohne Autsch-Effekt wieder abgezogen werden können.

Ständig die Stirn runzeln

Falls Sie nicht schon in jungen Jahren zur potentiellen Botox-Kandi-datin werden wollen: Achten Sie unbedingt mal auf Ihre Stirn. Stellen Sie sich einfach mal einen Spiegel auf den Schreibtisch und beobachten

Sie Ihre Mimik beispielsweise beim Telefonieren. Runzeln Sie öfter die Stirn oder kneifen Sie die Augen zusammen? Dann sind die berühmte Zornesfalte oder Knitterfältchen um die Augen beinahe programmiert. Dagegen hilft bewusstes Entspannen der Muskulatur, beispielsweise mit einer Mini-Massage der Stirn. Dafür einfach mit beiden Mittelfingern in kleinen Kreisen über die Haut fahren. Gegen Augenfältchen hilft es, wenn Sie draußen öfter mal eine Sonnenbrille tragen und – so ab Mitte 40 – Ihre Eitelkeit ablegen und in eine schöne Lesebrille investieren.

Exzessiv die Augenbrauen zupfen
Besonders vor dem Vergrößerungsspiegel geraten viele Frauen schnell in einen regelrechten Zupfrausch und veranstalten in extremen Fällen geradezu einen Kahlschlag im Bereich der Brauen. Wer das zu oft macht, muss damit rechnen, dass nicht für alle entfernten Härchen wieder neue sprießen und dauerhafte Lücken entstehen. Deshalb: Zupfen Sie immer nur einzelne Härchen aus und kontrollieren Sie das Ergebnis immer wieder zwischendurch in einem normalen Spiegel bei gutem Tageslicht. Zupfen Sie zudem nur Härchen unter den Augenbrauen und zwischen den Brauen, niemals welche von den oberen Brauenhärchen. Die sollten Sie allenfalls mit einem farblosen Brauengel oder einem Brauenbürstchen und etwas Haarspray in Form bürsten oder sehr lange Exemplare vorsichtig mit der Schere kürzen.

Pony selber schneiden
Sollte es Sie jemals auf eine einsame Insel verschlagen, können Sie Ihren Pony selber schneiden, ansonsten rate ich: Finger weg. Denn als Laie bekommt man den Schnitt meist nicht so exakt hin, man schnippelt hier etwas nach, bessert da aus – und wundert sich dann am Ende über den viel zu kurzen Pony. Viele Friseure bieten übrigens einen kostenlosen Nachschnitt des Ponys zwischen zwei Friseurbesuchen an, nutzen Sie also lieber die Scherenhände eines Profis.

Die Bikinizone mit dem Nassrasierer in Form bringen

Unter den Achseln und an den Beinen ist der Nassrasierer einfach unschlagbar. Kurz eingeschäumt und mit der Klinge drübergefahren – schon ist die Haut glatt und streichelzart. Das müsste doch eigentlich auch bei der Bikinizone funktionieren? Tut es aber leider nicht. Denn die Härchen dort haben eine andere Wuchsrichtung und sitzen oft tiefer als am übrigen Körper. Zudem siedeln sich in diesem Bereich des Körpers mehr Bakterien an. Die unschönen Folgen nach dem Nassrasieren sind meist eingewachsene Haare, Juckreiz und rote Pickelchen. Mein Rat: Kaufen Sie sich einen speziellen Trockenrasierer für die sensible Bikinizone.

Zum Angewöhnen: Die besten Beauty-Tricks

Endlos-Beine wie Sarah Jessica Parker, das Lächeln von Claudia Schiffer oder das üppige Dekolleté von Angelina Jolie – hätten Sie das auch gerne? Kein Problem, denn tricksen ist in Sachen Beauty durchaus erlaubt. Stars und Models schwören nämlich schon lange auf Mogelnummern, um attraktiver zu wirken als wir Normalsterbliche. Würden Sie die Vorbereitungen der Stars zur Oscar-Nacht kennen, Sie würden vermutlich Bauklötze staunen. Nicht jeder Star, der auf dem roten Teppich strahlt, schimmert und glitzert, ist mit Glamour-Faktor auf die Welt gekommen. Auch Schauspielerinnen haben Cellulite, dünne Haare, Pickelchen, einen kleinen Bauch oder zu breite Nasen. Doch die Celebrities – beziehungsweise die Armada ihrer Friseure und Stylisten – kennen eben alle Tricks, damit diese kleinen Beauty-Makel weniger auffallen. Hier sind die wichtigsten, die nicht nur den Stars vorbehalten sind, sondern auch Sie Hollywood-schön zaubern.

Rapunzel-Kick

Stars und It-Girls wie Gwyneth Paltrow oder Paris Hilton schwören auf den 30-Zentimeter-Quickie. Ihr Trick sind Haar-Extensions, also künstliche Haarverlängerungen. Die Firma Great Lenght beispielsweise arbeitet mit der Ultraschallmethode: Echte Haarsträhnen werden dabei auf superschonende Weise mit dem eigenen Haar gewissermaßen verschweißt. Die »Kunsthaare« werden extra in der eigenen Haarfarbe eingefärbt, die Ansätze sind unsichtbar. Sie fühlen sich echt an, sehen echt aus und machen auch Färbungen, Umformungen und jedes Styling mit. Es funktioniert mit glatten ebenso wie mit lockigen Naturhaaren. Kostenpunkt: rund 1600 Euro für eine 30 Zentimeter lange Mähne. Wenn die Haare nach sechs bis acht Wochen nachgewachsen sind, können die Strähnchen mittels Alkohol wieder gelöst werden und knapp unterhalb des Haaransatzes neu befestigt werden.

Bright Smile

Ein strahlendweißes Hollywood-Lächeln können Sie auch preiswert haben. Sie müssen nicht immer zum Bleaching, manchmal reicht es, den richtigen Ton zu treffen, nämlich den vom Lippenstift. Blaustichige Nuancen wie Pink oder Kirschrot lassen die Zähne weißer wirken, Orange- und Brauntöne betonen dagegen den Gelbstich.

Nose-Job

Falls man Sie öfter auf Ihre angebliche Boxkarriere anspricht, weil das Näschen ein wenig zu breit geraten ist, hilft ein optisches Spiel mit Licht und Schatten: An den Nasenflügeln etwas Concealer verreiben, der ein bis zwei Nuancen dunkler ist als die übrige Grundierung. Direkt auf den Nasenrücken kommt dagegen eine etwas hellere Nuance, am besten mit Schimmerpigmenten. Denn helle Farben betonen eine Partie, dunkle lassen Schwachstellen, sprich die zu breiten Nasenflügel, in den Hintergrund treten.

Strahle-Teint

Die Nacht war lang und Ihr Teint könnte mal wieder einen Wake-up-Call vertragen? Das funktioniert auf einen Streich mit einer farbigen, aber dennoch transparenten Creme in Violett, die unter dem Make-up aufgetragen wird. Die lila Farbpigmente haben nämlich eine ähnliche optische Wirkung wie ein zweistündiger Spaziergang am Meer und bringen einen tollen Frischehauch auf den Teint. Was immer hilft: Rouge. Allerdings muss der Farbton stimmen. Richtig ist die Nuance, in der man auch von Natur aus errötet. Setzen Sie deshalb auf rötliche oder Pink-Nuancen, niemals auf Braun- oder Mauve-Töne.

Slim-Trick

Ein alter Model-Spruch lautet: »Du kannst entweder fünf Kilo abnehmen oder braun werden«. Da ist etwas dran, denn mit sanft gebräunter Haut wirkt man wirklich schlanker als im Schneewittchen-Look. Damit die Haut jedoch nicht durch die UV-Strahlung allzu ausgiebiger Sonnenbäder leidet: Moderne Selbstbräuner zaubern einen Sommerhauch auf die Haut, sind garantiert unschädlich und duften sogar angenehm.

Lippen-Bekenntnisse

Schmale Zicken-Lippen? Das können Sie in Sekundenschnelle ändern, und zwar auch ohne Kollagenspritze. Umranden Sie zunächst die Lippenkonturen mit einem Stift ähnlich der Lippenstiftfarbe, orientieren Sie sich dabei an der äußeren weißen Linie um den Mund. Dann auch die Mundwinkel komplett mit dem Konturenstift ausmalen. Tragen Sie anschließend Lippenstift auf, der eine Nuance heller ist. Der Clou zum Schluss: Auf die Mitte der Ober- und Unterlippe einen Tupfer Gloss geben, das sorgt für zusätzliches Volumen. Wichtig außerdem: Helle, frische Farben vergrößern die Lippen optisch, dunkle machen sie leider schmaler.

Zusätzlich kann man auch mit sogenannten Lip-Plumpern feine Linien ausgleichen und zugleich das Gewebe unter der Lippe temporär etwas aufpolstern. Der Effekt: üppige Kussmünder ohne den unschönen Fahrradschlauch-Effekt.

Vollmond-Korrekturen

»Der Mond ist aufgegangen« – ist es das, was den meisten zu Ihrer Gesichtsform einfällt? Auch hier können Sie tricksen, um aus dem Vollmond einen abnehmenden Mond zu machen. Schaffen Sie Strukturen, die das Gesicht klarer und markanter wirken lassen. Deshalb unbedingt die Augenbrauen mit einem Stift oder Puder in der Haarfarbe betonen, beim Augen-Make-up Linien durch Eyeliner (statt Flächen durch Lidschatten) setzen. Und: den Mund sorgfältig mit Lippen- und Konturenstift herausarbeiten. Ein weiteres Must: Rouge, am besten in einer bräunlichen Terrakotta-Nuance, unterhalb der Wangenknochen bis zum Ohransatz auftragen. Falls ein zu langes Gesicht Ihr Problem ist: Etwas bräunlich getönten Sonnenpuder vom Kinn zu den Kieferknochen, vom seitlichen Haaransatz zur Stirnmitte und ein wenig auch leicht oberhalb der Wangen verstreichen. Diese dunkleren Farbpunkte verkürzen das Gesicht optisch.

Bein-Arbeit

Glamour-Girls tragen auch in der kühleren Jahreszeit zum Abendkleid oder dem kleinen Schwarzen keine Strümpfe. Doch winterblasse Beine zeigt niemand gerne her. Die Rettung: spezielle Selbstbräuner für die Beine, die wie flüssiger Nylon wirken. Die meisten sind leicht getönt und enthalten Schimmerpigmente, so dass die Beine sofort »gesellschaftsfähig« sind. Klasse Beine bekommt man außerdem entweder durch gute Gene und viel Training – oder man mogelt sich seine Normal-Exemplare einfach ein bisschen schöner. Tragen Sie eine schimmernde Body-Lotion auf die Beine auf – besonders die Knie und die Schienbeine sollten als

Highlights hervortreten. Die Glanznummer lässt die Beine schlanker wirken und ist zudem ein optischer Weichzeichner.

Schöner Hals

Kurzer Hals statt schwanengleich? Dann sollten Sie in Sachen Mode einfach ein wenig tricksen. V-Ausschnitte beziehungsweise nach unten zulaufende Dekolletés mogeln den Hals optisch länger. Wichtig: Verzichten Sie auf gröbere, halsnahe Ketten und große Anhänger, denn die verkürzen wiederum den Hals. Besser sind zarte schmale Colliers mit kleinen Anhängern beziehungsweise längere Ketten.

Glanz-Nummer

Zwar kein Stroh im, aber auf dem Kopf? Dagegen helfen folgende Tricks: Haare waschen, eine Tasse Apfelessig drübergeben und wieder ausspülen. Danach Conditioner einmassieren, ebenfalls ausspülen und mit viel kühlem Wasser nachspülen. Beim Föhnen den Luftstrom immer nach unten in Richtung der Haarspitzen halten und mit kalter Luft nachföhnen – so schließt sich die Schuppenschicht der Haare, und das sorgt für Glanz. Der Mega-Schimmer-Tipp: Benutzen Sie Haarfarben und Tönungen in rötlichen Nuancen wie Gold, Kupfer, Mahagoni oder Kirsche. Rot-Pigmente verleihen dem Haar besonders intensiven Glanz.

Farbrausch

Grüne Augen brauchen grünen Lidschatten? Denkste! Ein Augen-Make-up Ton in Ton lässt die eigene Augenfarbe sogar in den Hintergrund treten. Sensationell wirkt dagegen bordeauxrote Mascara; sie lässt grüne Augen unglaublich strahlen und betont sie perfekt. Am besten zuerst eine Schicht schwarze Wimperntusche auftragen und dann noch zweimal mit der weinroten darübergehen. Blaue Augen wirken noch intensiver mit einem Hauch von orangefarbenem Lidschatten, und braune Augen schimmern geheimnisvoll und intensiv durch die Farbe Lila.

Blondhauch

Der Ansatz wächst dunkel nach und Sie haben keine Zeit für den Friseur oder einen neuen Farbauftrag? Für unechte Blondinen gibt es zum Glück jede Menge Tricks. Blitzschnell zum hellen Köpfchen werden Sie mit Blondspray- und Gel: Einfach auf den dunkleren Ansatz geben, föhnen, fertig, blond. Hier ist natürlich Chemie mit im Spiel, daher nicht dauerhaft und für den ganzen Schopf verwenden, sonst leiden die Haare irgendwann. Oder nehmen Sie einfach etwas gelblichen losen Gesichtspuder und stäuben Sie ihn mit einer Puderquaste dünn auf den dunkleren Haaransatz und den oberen Teil der Stirn. Der Puder schluckt optisch einen Teil der dunklen Farbe.

Bambi-Augen

Knopfaugen wie René Zellweger? Und die Oberlider gehorchen leider auch den Gesetzen der Schwerkraft? Das richtige Make-up wirkt wie ein Augenöffner. So geht's: Tragen Sie etwas hellen Lidschatten unter den Augen und auf den Knochen unterhalb der Augenbraue auf, um diese Bereich zu betonen. Verteilen Sie dann auf der gesamten Lidfalte einen Lidschatten in einem mittleren Farbton und verzichten Sie auf Eyeliner oder Kajalstift, denn beide lassen das Lid wieder zurücktreten. Zum Schluss Wimpern mit der Wimpernzange hochbiegen und viel schwarze Mascara auftragen.

Glatte Haare

Wenn sich die Haare bei Regen und Feuchtigkeit kräuseln, hilft ein Klecks Handcreme – einfach in den Händen verreiben und mit den flachen Handflächen über die Haare streichen. Vorbeugend helfen Anti-Frizz-Produkte. Sie beschweren und glätten die Haare durch Silikonöle und verhindern so unerwünschte Locken.

Mogelpackung

Der Bauch könnte etwas flacher und der Po etwas straffer sein, und auch die Oberschenkel hätte man gern einen Hauch schmaler. Doch wie schafft man das alles bis heute Abend, wenn das neue Designerschnäppchen noch überall kneift? Die Lösung ist denkbar einfach: Die richtigen Dessous mogeln sofort beim Anziehen messbar Zentimeter weg. Ob Strumpfhosen mit verstärktem Bauchteil für eine flache Mitte, Slips mit raffinierten, eingearbeiteten Bändern, die den Po in ungeahnte Höhen heben, oder bequeme Miederhöschen, die die Oberschenkel mit dem einfachen Gesetz der Kompression schmaler formen – das Angebot ist riesig. Und in den Mogelmodellen kann man sich sogar sehen lassen, dafür sorgen Spitze, feine Microfasern und tolle Farben.

Push-up

Ein tolles Dekolleté unter dem kleinen Schwarzen – auch da darf man tricksen. Für mehr (garantiert unsichtbaren) Auftrieb sorgen spezielle Klebestreifen oder selbstklebende Haftschalen, die unter dem Busen fixiert werden. Der Hit momentan ist der Nu Bra, ein trägerloser Silikon-BH, der wie eine zweite Haut wirkt. Sensationell wirkt auch ein Spray, das sich herrlich kühl auf der Haut anfühlt und wirklich innerhalb von wenigen Wochen für mehr Straffheit sorgt – machen Sie einfach mal den Bleistifttest. Optisch tricksen lässt sich mit nicht zu dunklem Bronzepuder. Einfach mit einem dicken Pinsel die Konturen des Busens in einem Halbkreis nachfahren; der Licht-Schatten-Effekt sorgt optisch für mehr Volumen.

Hand-Schlag

Raue rissige Hände machen nicht unbedingt Lust auf Streicheleinheiten. Handschuhe mit eingebauten Pflegeessenzen lösen das

Problem in 15 Minuten. Einfach überstreifen und einwirken lassen. Auch gut: Etwas Eiweiß auf den Handrücken geben und einmassieren. Das wirkt wie ein Blitzlifting und lässt den Handrücken sofort schön straff und glatt aussehen.

Augen-Aufschlag

Selbst wer von Natur aus eher mit kurzen, spärlichen Wimpern ausgestattet ist, kann jetzt trotzdem verführerische Blicke aufsetzen: Spezielle transparente Wimpern-Booster, die unter der Mascara aufgetragen werden, umhüllen jedes einzelne Härchen mit einem feinen Film und machen auf diese Weise mehr aus dünnen oder spärlichen Wimpern. Auch toll wirken einzelne falsche Wimpern, die Sie am äußeren Augenwinkel zwischen die echten kleben. Außerdem können Sie am oberen Wimpernkranz mit einem schwarzen Kajal einzelne Punkte zwischen die Wimpern setzen, das verdichtet spärliche Härchen optisch ungemein.

Lang-Finger

Immer dran denken: Dunkle Farblacke verkürzen die Hände, weil sie wie ein Stopper wirken. Verwenden Sie daher lieber zarte Pastelllacke im Nude-Look. Sie verlängern die Hände optisch.

Giulia Siegel, Model & DJane:

Ich schwöre auf Extensions, also Haarverlängerungen oder -verdichtungen. Damit kann man innerhalb einer Stunde einen ganz neuen Look zaubern. So lässt sich ein kinnlanger Pagenkopf in eine lange Walle-Mähne verwandeln. Toll sind auch farbige Strähnchen, die je nach Lust und Laune im eigenen Haar angebracht werden und jederzeit wieder entfernt werden können.

Balken-Blocker

Augenbrauen wie Salma Hayek in ihrer Rolle als mexikanische Malerin Frida Kahlo? Das kann ganz schön düster aussehen, besonders, wenn die Haarfarbe heller als die Farbe der Brauen ist. Gegen die dunklen Balken hilft folgender Trick: Bürsten Sie sie mit einer Mascara in Bronze oder einem metallischen Aubergine-Ton. So wirken sie heller und haben gleichzeitig einen tollen Glanz.

Cover-Story

Traumhaftes Date – aber ausgerechnet jetzt ein alptraumhafter Pickel direkt am Kinn? Achtung, jetzt bloß nicht zu dick auftragen. Denn eine massive Schicht Make-up rückt die kleinen Biester oft erst recht in den Blickpunkt. Nehmen Sie sich lieber einen Visagistentipp zu Herzen: Statt Foundation einfach eine Schicht gold schimmernden Bronzepuder aufs Gesicht stäuben. Der feine Schimmer reflektiert nämlich das Licht, und die Pickelchen fallen so weniger auf. Außerdem reduziert der Puder Fettglanz, und durch den leichten Bräunungseffekt sehen die Pickelchen kleiner aus, mögliche Rötungen verschwinden.

Interview mit Peter Priebeler, Visagist und Maskenbildner von Frauke Ludowig, Köln

Im Fernsehen und auf Bildern wirkt man immer fünf Kilo dicker. Welche Make-up-Tricks gibt es dagegen, die man auch im normalen Leben nutzen kann?

Man kann beispielsweise wunderbar mit Bronzepuder tricksen. Dabei muss man sich immer nur an eine Regel halten: Dunklere Farben lassen Partien in den Hintergrund treten, weil sie Schatten setzen, aufgehellte Zonen treten in den Vordergrund. Ein wenig

Bronzepuder auf den Jochbeinen betont diese und lässt das Gesicht damit insgesamt schmaler erscheinen. Frauen mit einem hellen Teint sollten aber darauf achten, dass der Bronzepuder nicht zu dunkel und nicht zu orangestichig ist, sonst sieht die Mogelei schnell unecht aus.

Wer den ganzen Tag am Computer sitzt, hat abends oft müde, gerötete Augen, manchmal auch Augenschatten. Wie kann man das ein wenig kaschieren, wenn nach der Arbeit noch ein wichtiges Date ansteht?

Toll, um rote Augen zu kaschieren, ist blauer oder beiger Kajal, er schluckt optisch die Rötungen. Gegen Augenringe hilft ein wenig gelblicher Concealer, er macht den bläulichen Schimmer unter den Augen wett. Zudem schwöre ich auf »Gouttes Bleu«, Augentropfen aus Frankreich, die die Äderchen im Auge leicht zusammenziehen und Rötungen augenblicklich verschwinden lassen. Die sind aber nur für besondere Anlässe gedacht und nicht für die tägliche Anwendung.

Viele Frauen trauen sich an Rouge nicht heran, weil sie Angst vor Apfelbäckchen haben. Wie geht man richtig damit um?

Der einfachste Trick beim Auftragen lautet: Lächeln Sie sich im Spiegel an, ruhig etwas übertrieben. Die »Äpfelchen«, die dann auf den Wangen hervortreten, sind der Ansatzpunkt für den Rougepinsel. Von hier aus zieht man dann die Farbe Richtung Ohr, bitte nicht zu hoch in Richtung Schläfen. Das machen viele Frauen falsch. Überlegen Sie sich einfach, wo sie natürlicherweise erröten. In Sachen Farbwahl gilt: Besonders natürlich sind alle Rosé- und Pinktöne, denn sie kommen dem echten

Frischeton der Haut nahe. Braun- und Beigetöne sind zwar äußerst beliebt, weil sie angeblich so natürlich wirken, in Wahrheit lassen Sie das Gesicht aber nicht so schön strahlen wie Rosé-Nuancen.

Stichwort Make-up: Wie findet man den richtigen Farbton, der ganz natürlich auf der Haut wirkt?

Ganz wichtig: Make-up testet man nicht auf dem Handrücken oder auf der Innenseite des Unterarms, sondern da, wo es hingehört: im Gesicht. Am besten lässt man sich verschiedene Töne als Streifen auf die ungeschminkte Wange auftragen. Der Ton, der mit der Haut nahezu verschmilzt, ist der richtige. Make-up sollte auf gar keinen Fall dunkler als der natürliche Hautton sein, das macht älter. Im Zweifel lieber zu einer helleren Nuance greifen, denn das Make-up dunkelt im Laufe des Tages durch das Hautfett noch ein wenig nach. Entscheidend ist auch die Farbrichtung. Am natürlichsten sehen gelbliche Beige-Nuancen aus, roséstichige Make-ups wirken auf fast jedem Teint künstlich.

Schöne Lippen sind nicht immer nur ein Ergebnis guter Gene. Wie kann man mit Lippenstift & Co. ein wenig tricksen?

Dunkle Töne verkleinern die Lippen, helle lassen sie üppiger wirken. Auch Schimmer sorgt optisch für Volumen, transparente Schimmer-Lipsticks oder farbige Glosse sind daher ideal für schmale Lippen. Falls die Oberlippe schmaler als die Unterlippe ist, kann man mit einem Lippenkonturenstift ein wenig tricksen. Zunächst die Lippen mit einer normalen Lippenfarbe ausmalen. An der Unterlippe den Konturenstift direkt am äußeren Lippenrot entlang ziehen, an der Oberlippe aber ein wenig über das Rot hinausgehen und auf der Haut darüber die Linie ziehen.

Ein wichtiges Meeting steht an. Aber gerade an diesem Morgen blüht ein dicker Pickel auf der Stirn. Wie kann man den am besten kaschieren?

Bloß keine dicken Make-up-Schichten auflegen, denn das macht das Problem meist noch deutlicher sichtbar. Besser: Zunächst einmal etwas antiseptisches, transparentes Pickel-Gel auftragen, dadurch kann die Unreinheit im Laufe des Tages schon mal etwas abheilen. Anschließend eine gewohnt dünne Schicht Make-up auftragen und den Pickel zum Schluss mit einem hautfarbenen Concealer abdecken. Dafür die Abdeckcreme dünn mit dem Finger auftupfen und richtig in die Haut einarbeiten. Danach eventuell noch einen Hauch von Transparentpuder darüberstäuben. Wichtig: Verwenden Sie für Unreinheiten immer einen antiseptischen Abdeckstift, denn ein Concealer für Augenschatten enthält mehr Fett und könnte den Pickel daher eher fördern. Umgekehrt sollten Sie einen antiseptischen Abdeckstift niemals für die Augen verwenden, weil er die zarte Hautpartie dort zu stark austrocknen würde.

Viele Frauen leiden unter roten Äderchen oder Pigment-flecken. Wie deckt man diese Beauty-Makel am geschick-testen ab?

Grün ist die Komplementärfarbe zu Rot, deshalb ist ein grüner Abdeckstift die ideale Camouflage für rote Äderchen. Er wird hauchdünn aufgetupft. Danach unbedingt Make-up darüber-geben – so wird die Mogelei perfekt. Pigmentflecken hingegen lassen sich meist weniger gut mit einem Make-up kaschieren, weil sie dann grau wirken. Hier bietet es sich eher an, einen Selbstbräuner aufzutragen, der macht den nämlich Hautton ebenmäßiger.

Hallo Onkel Doc: Pro und Kontra von Schönheitsoperationen

Das Thema Schönheitskorrekturen boomt. Viele Society-Ladies, Stars und Sternchen gehen heute genauso selbstverständlich zum Beauty-Doc wie zum Friseur. In manchen Kreisen gehört man als jemand, der sich nicht wenigstens schon mal die Nase hat richten lassen (rein aus gesundheitlichen Gründen natürlich, die Nasenscheidewand war ja so krumm...) schon zu den Außenseitern. Auf Home-Parties wird heute Botox statt Tupperware gehandelt. Und so manche 18-Jährige wünscht sich zum Abi einen größeren Busen – und bekommt ihn von Mami und Papi sogar. Ganz neu auf dem Markt der Eitelkeiten sind übrigens Intimkorrekturen per Skalpell: Wenn die Schamlippen nicht ganz perfekt geformt sind, bekommen sie ein kleines Lifting verpasst. Frauen, die mehrere Kinder auf die Welt gebracht haben, werden mittels einiger kleiner Abnäher wieder zu Quasi-Jungfrauen, damit der Gatte seinen Spaß nicht eventuell woanders sucht … Und etwas Hyaluronsäure in die Klitoris gespritzt, soll für größere Erregung und damit multiple Orgasmen sorgen. Ich finde dafür nur ein Wort: gruselig.

Verstehen Sie mich richtig: Ich will mich hier nicht als Richterin dieser Frauen aufspielen. Jede Frau muss selbst entscheiden, was sie ihrem Körper zumutet. Ich sage bewusst: zumutet. Denn genau da liegt das Problem: Schönheits-OPs sind immer Eingriffe an einem gesunden Körper ohne jegliche medizinische Notwendigkeit. Und auch wenn die Schnitttechniken heute viel moderner und die Narkosen zu fast 100 Prozent sicher sind, so bleibt doch ein Restrisiko. Ganz zu schweigen von den vielen selbsternannten »Schönheitschirurgen«, die den schnellen Euro wittern. Da schnippeln

Gynäkologen schon mal an Brüsten herum, spritzen Zahnärzte Botox in Zornesfalten bis zur Mimikstarre oder saugen gar Fett ab. Auch die Aufklärung vor solchen Eingriffen ist nicht immer ausreichend. Ich kenne Frauen, bei denen diese Operationen schlicht verharmlost wurden und die hinterher entsetzt waren, wie lange sie als »nicht gesellschaftsfähig« herumlaufen mussten. So wird beispielsweise ein Laser-Peeling mit dem CO2-Laser von einigen Ärzten als harmlose High-Tech-Korrektur verkauft. Tatsache ist aber, dass man direkt nach dem Eingriff aussieht wie ein – verzeihen Sie – frisch gehäutetes Schwein. Die gelaserte Gesichtshaut ist eine einzige rote, nässende Wundfläche. Natürlich heilt das im Laufe der Zeit ab – unter Folie und mit Cortisonsalbe. Doch die Rötungen können über mehrere Monate anhalten, was man davor auch nicht immer vom Arzt erfährt.

Sie werden es bemerkt haben: Von Schönheitschirurgie halte ich wenig. Zu oft habe ich durch meine Arbeit gesehen, wie das Ganze auch zum Exzess getrieben werden und Entstellungen verursachen kann, die mit Schönheit nichts mehr zu tun haben: Wer erinnert sich nicht an die geradezu grotesk wirkende »Schönheit« einer Jocelyn Wildenstein, die auch als »Katzenfrau« bekannt geworden ist. Sie soll rund vier Millionen US-Dollar in Silikonimplantate und andere Push-ups im Gesicht investiert haben. Auch Michael Jacksons Gesicht wurde inzwischen durch diverse Nasen-OPs und Phenol-Peelings zur Farce. Die Nase ist nur noch eine Ruine, die Haut schimmert weiß wie Wachs. Mehr Glück hatten da Beauties wie Nicole Kidman oder Sharon Stone. Sie haben zumindest Lift-Boys erwischt, die sensibel und mit viel ästhetischem Feingefühl »maßschneidern«.

Für mich persönlich kommen Schönheitsoperationen nicht in Frage. Sie bergen zu viele Risiken, die ich nicht bereit bin einzugehen. Dennoch: Das Geschäft mit Schönheits-OPs boomt, das Thema zieht sich durch alle gesellschaftlichen Schichten, und deshalb soll es in diesem Buch nicht ignoriert werden. Immer mehr Frauen (und auch

Männer) legen sich unter das Messer. Ein Lifting ist heute kein Privileg von Besserverdienenden mehr. Kliniken im Ausland oder bequeme Ratenzahlungen machen es für alle halbwegs erschwinglich.

Privatkliniken schalten Anzeigen in Zeitschriften, Ärzte im Ausland werben mit Dumping-Preisen für ihre Dienste, und so mancher Beauty-Chirurg wird wie ein Prominenter von Party zu Party gereicht. Doch wie findet man im Dschungel der Angebote seriöse Experten?

Ganz wichtig: Nehmen Sie sich Zeit für die Entscheidung und lassen Sie sich nicht zu einer Operation drängen. Schließlich geht es um einen gravierenden Eingriff in Ihren Körper und nicht um einen Pulloverkauf. Umtausch ausgeschlossen! Wenn man sich jedoch zu diesem Schritt entschließt, ist meiner Meinung nach Aufklärung das A und O. Mit der Wahl des richtigen Arztes steht und fällt das Ergebnis des Eingriffs.

Diese kleine Checkliste kann Ihnen bei der Wahl des richtigen Arztes helfen:

◆ Die Facharztrichtung »Schönheitschirurg« oder auch »Ästhetischer Mediziner« gibt es offiziell nicht, jeder Allgemeinmediziner darf sich so nennen und chirurgisch arbeiten, notfalls auch ohne ausreichendes anatomisches und chirurgisches Wissen. Vertrauen können Sie dagegen zunächst einmal dem Titel »Facharzt für Plastische Chirurgie«. Dahinter verbirgt sich ein promovierter Mediziner mit einer entsprechenden sechsjährigen Weiterbildung auf diesem Gebiet.

◆ Die meisten Plastischen Chirurgen haben sich auf bestimmte Eingriffe spezialisiert. Bei Ärztevereinigungen können Sie sich danach erkundigen.

◆ Fragen Sie den Arzt, wie oft er den betreffenden Eingriff schon durchgeführt hat.

◆ Ein guter Arzt wird Ihnen das Gefühl geben, Sie ernst zu nehmen und sich in ihr Problem hineindenken zu können.

◆ Ein seriöser Arzt wird Ihnen Vorher-Nachher-Bilder, aber auch »unschöne« Fotos vom Zustand direkt nach der OP nicht vorenthalten.

◆ Lassen Sie sich das Operationsverfahren genau erklären, fragen Sie nach Risiken und Haltbarkeit des OP-Ergebnisses. Scheuen Sie keine Rückfragen, wenn Sie etwas nicht verstanden haben. Lassen Sie sich nicht von lateinischen Fachausdrücken blenden. Fragen Sie notfalls nach der Übersetzung.

◆ Werden Sie misstrauisch, wenn ein Arzt Ihnen entweder perfekte Ergebnisse verspricht oder Sie gleich zu weiteren Operationen überreden will.

◆ Wenn Sie sich bei einem Arzt nicht wohlfühlen, sollten Sie unbedingt einen zweiten oder dritten aufsuchen. Schließlich geht es um Ihren Körper und Ihr Wohlbefinden.

Und diese Fragen sollten Sie bei Ihrem Arztbesuch parat haben:

◆ Ist meine Idealvorstellung realistisch?

◆ Welche Möglichkeiten gibt es, mein Beauty-Problem zu lösen?

◆ Wie wird das Ergebnis im besten Fall aussehen, wie im schlechtesten?

◆ Wird es bei einer Operation bleiben oder sind mehrere Eingriffe zu erwarten?

◆ Was muss ich vor der OP, was nachher beachten (Sport, Sonne, Medikamente etc.)?

◆ Welche Jahreszeit ist ideal für den Eingriff?

◆ Welche Risiken birgt die OP? Wie häufig treten sie auf?

◆ Gibt es im Notfall eine sofortige notärztliche Versorgung?

◆ Welche Art der Narkose ist für den Eingriff üblich?

◆ Wie lange dauert der Eingriff durchschnittlich?

◆ Wo wird die Operation durchgeführt? Kann sie ambulant erfolgen oder ist ein Klinikaufenthalt nötig?

◆ Wie stark werden die Schmerzen danach sein? Wie lange halten sie in der Regel an?

◆ Wie verläuft die postoperative Phase? Wie lange dauert sie und wann bin ich wieder »gesellschaftsfähig«?

◆ Was kostet der Eingriff? Handelt es sich um einen Komplettpreis inklusive Kosten für den Anästhesisten, den Krankenhausaufenthalt, die Implantate, die Nachuntersuchungen etc.?

Falls Sie sich nach gründlichen Erwägungen doch zu einer Schönheits-OP entschließen möchten, habe ich hier einmal in aller Kürze die vier Klassiker – Lifting, Brust-OP, Lidstraffung und Fettabsaugen – samt OP-Infos, Risiken und Kosten für Sie zusammengetragen. Das sind natürlich nur Grundinformationen und ersetzen nicht das ausführliche und klärende Gespräch mit dem Fachmann.

Lifting an Gesicht und Hals

Wenn im Laufe der Zeit die Konturen des Gesichts der Erdanziehung nicht mehr widerstehen, kann ein Facelift helfen, dem Alterungsprozess entgegenzuwirken. State of the art ist heute das sogenannte SMAS-*Lifting* (Superfizielles muskulo-aponeurotisches System). Dabei wird nicht nur die Haut gestrafft, sondern auch die darunter liegende Muskelschicht sowie das Binde- und Fettgewebe. Beim Composit-Lift werden zusätzlich Hals und Stirn geliftet.

Wie es funktioniert: Ein großes Facelift wird normalerweise in Vollnarkose durchgeführt. Die Schnitte beginnen an den Schläfen im behaarten Bereich, damit die feinen Narben später im Haaransatz verschwinden. Sie ziehen sich um das Ohr herum und enden im Haaransatz im Nacken hinter dem Ohr. Die Haut wird während des Eingriffs vom Binde- und Muskelgewebe getrennt, beides wird gestrafft, Hautüberschüsse werden entfernt und die Haut mit Fäden oder einem speziellen Fibrinkleber etwas weiter oben befestigt. Manchmal werden Drainagen gelegt, damit Gewebswasser ablaufen kann und weniger Schwellungen entstehen.

Risiken: Neben den üblichen OP-Risiken kann es zu Nachblutungen, Infektionen, Taubheitsgefühlen oder überschießender Narbenbildung kommen. Haben Sie Angst vor einer Vollnarkose? Das Risiko, danach nicht mehr aufzuwachen, liegt heute bei 0,0009 Prozent.

Gut zu wissen: Nach dem Eingriff ist das Gesicht oft stark geschwollen, Blutergüsse an Wangen und im Kinnbereich können auftreten. Auch Kopfschmerzen sind nicht selten. Diese OP-Folgen können bis zu drei Wochen anhalten – Urlaub zu nehmen ist deshalb ratsam. Um die Wundheilung nicht zu behindern, sollte man nach der OP möglichst auf dem Rücken schlafen sowie körperliche Anstrengung und Sport vermeiden. Außerdem wichtig: Bis zur kompletten Wundheilung einen Sunblocker verwenden, damit die Narben nicht nachdunkeln. Erst nach rund drei Monaten ist die Heilung komplett abgeschlossen.

Kosten: Ein großes Face- oder ein Composit-Lift kosten zwischen 8 000 und 14 000 Euro. Die Krankenkassen zahlen nichts.

Ein *Soft-Lift* empfehlen einige Ärzte bereits, wenn die ersten Fältchen deutlich sichtbar werden: ab 35! Dann seien die Bindegewebsfasern noch elastisch, das Ergebnis falle besonders gut aus. Das Soft-Lifting kommt mit einer lokalen Betäubung aus.

Wie es funktioniert: Beim Soft-Lift wird die Haut nicht abgezogen, sondern nur etwas gelockert und das darunterliegende Bindegewebe vorsichtig mit Spezialinstrumenten gestrafft. Nach dem Eingriff ist nur ein stationärer Aufenthalt von einer Nacht erforderlich.

Risiken: Es kann wie bei allen Operationen zu Infektionen und Nachblutungen kommen, das ist beim Soft-Lift aber eher selten.

Gut zu wissen: Bereits nach zwei Tagen ist man wieder »gesellschaftsfähig« und kann arbeiten gehen. Die minimalen Schwellungen und leichten Blutergüsse halten nur rund fünf Tage an und können mit Make-up abgedeckt werden.

Kosten: 5 000 bis 7 000 Euro. Die Kassen übernehmen die anfallenden Kosten nicht.

Bruststraffung

Durchs Stillen, aber auch durch den natürlichen Alterungsprozess der Haut wird der Busen schlaffer. Eine Bruststraffung wirkt wie ein »natürlicher« Push-up.

Wie es funktioniert: Der Eingriff wird immer in Vollnarkose vorgenommen. Es gibt verschiedene Schnitttechniken, bei denen bei guter Heilung kaum Narben zurückbleiben. Wenn die Brust zusätzlich noch recht groß ist, wird zunächst überschüssiges Fett- und Drüsengewebe aus dem unteren Teil der Brust entfernt, eine neue Brust modelliert und die Haut gestrafft. Die Brustwarze wird dabei weiter oben fixiert. Zunächst wird ein Verband angelegt, später muss die Patientin dann noch für einige Tage dauerhaft (sprich: 24 Stunden am Tag) einen festsitzenden BH tragen. Nach eineinhalb Wochen werden die Fäden gezogen.

Risiken: Neben den normalen OP-Risiken kann es zu Sensibilitätsstörungen der Brust oder der Brustwarzen kommen. Es kann auch passieren, dass die Größe der beiden neu modellierten Brüste nach der Heilungsphase nicht absolut identisch ist.

Gut zu wissen: Sport und schwere körperliche Arbeiten sind für mindestens drei Monate tabu. In den ersten Monaten sollte man auf dem Rücken oder auf der Seite schlafen, um die Heilungschancen zu optimieren.

Kosten: 5 000 bis 7 000 Euro. Die Kassen zahlen lediglich, wenn es durch extrem große Brüste zu ernsthaften gesundheitlichen Problemen wie etwa Wirbelsäulenschäden kommt.

Lidstraffung

Bei manchen Menschen sind herabhängende Schlupflider genetisch bedingt, bei anderen entstehen sie erst durch den natürlichen Alterungsprozess, wenn die Haut absackt. Ein weiteres Problem sind Tränensäcke, die das Gesicht ebenfalls müde und krank wirken lassen. Eine Straffung der Unter- oder Oberlider macht in beiden Fällen den Blick wieder strahlender.

Wie es funktioniert: Eine Lidstraffung wird in der Regel mit einer lokalen Betäubung vorgenommen, zusätzlich bekommt man ein leichtes Beruhigungsmittel. Bei der Straffung der Oberlider setzt der Arzt einen kleinen sichelförmigen Schnitt direkt in der Lidfalte und entfernt so überschüssige Haut und Fettgewebe. (Der Laser hat sich dabei allerdings nicht durchgesetzt, da die Schnitte mit dem Skalpell besser verheilen.) Beim Lifting des Unterlides verläuft der Schnitt direkt unter dem Wimpernrand. Tränensäcke bei jungen Menschen mit einem relativ straffen Bindegewebe können mit dem CO_2-Laser entfernt werden, ansonsten kommt das Skalpell zum Einsatz. Direkt nach der OP kann man wieder nach Hause gehen. Schwellungen und Blutergüsse lassen sich durch kühlende Eis-Packs ein wenig lindern. Nach drei bis sechs Tagen werden die Fäden gezogen.

Risiken: Oberlidstraffungen sind relativ risikolos. Entfernt der Operateur allerdings am Unterlid zu viel Gewebe, kann es zu Spannungsgefühlen und permanenter Trockenheit der Augen kommen.

Gut zu wissen: Nach der OP ist Make-up für zwei Wochen im Augenbereich verboten, außerdem sollte die Partie so wenig wie möglich gerieben werden. Draußen am besten eine Sonnenbrille tragen, da die Augen oft für einige Zeit lichtempfindlicher als sonst sind.

Kosten: 2 000 bis 3 000 Euro. Die Kassen übernehmen die Kosten in der Regel nicht.

Fettabsaugen

Es gibt extrem hartnäckige Pölsterchen, die sich jedem Fitness- und Diätversuch widersetzen. Meist handelt es sich dabei um Fettverteilungsstörungen – häufig sind die Gene schuld daran. Gerade Frauen mit sogenannten Reiterhosen kennen das Phänomen: Der Oberkörper ist normal schlank, Hüfte und Oberschenkel dagegen unproportional kräftig. Eine Fettabsaugung (Liposuction) kann helfen, den Körper in eine harmonischere Form zu modellieren.

Wie es funktioniert: Der Eingriff findet in der Regel mit örtlicher Betäubung statt, manchmal kombiniert mit Dämmerschlaf. Größere Absaugungen erfolgen auch in Vollnarkose. State of the art ist heute die sogenannte Tumeszenz-Technik. Dabei wird dem Patienten eine Kochsalzlösung, die zusätzlich ein gefäßverengendes Mittel und ein Lokalanästhetikum enthält, unter die Haut gespritzt. Die Haut wird dadurch prall wie ein Luftballon, und das Bindegewebe wird etwas auseinandergezogen; die Fettzellen können so einfacher und vor allem gewebeschonender abgesaugt werden. Über winzige Einschnitte werden dann extrem dünne, stumpfe Kanülen ins Gewebe geschoben. Unter ständigem Hin- und Herbewegen werden die Fettzellen mittels einer Pumpe abgesaugt.

Besonders schonend ist die sogenannte Vibrationslipolyse, bei der die Absaugkanülen durch ein Gerät in leichte Rüttelbewegungen versetzt werden. Auf diese Weise werden weniger Lymph- und Blutgefäße beschädigt.

Der Fett-Bindegewebe-Mix wird in einem Behälter aufgefangen und während der Operation immer wieder gemessen. So weiß der Arzt, welche Menge er schon abgesaugt hat und ob auf beiden Seiten gleich viel Fett entfernt wurde. Je nach Areal und Ausmaß dauert die Prozedur zwischen 20 Minuten und drei Stunden. Ein erfahrener Arzt saugt übrigens nicht alle Fettzellen in einer Region radikal ab, sondern modelliert den Körper sanft.

Gleich nach der Liposuction bekommt die Patientin einen Verband oder eine feste Miederhose. Auf diese Weise wird verhindert, dass sich die entstandenen Hohlräume mit Gewebeflüssigkeit füllen und Narben entstehen. Gleichzeitig wird die Haut darin unterstützt, sich wieder zusammenzuziehen.

In den ersten Tagen nach der OP kann es zu Schwellungen und Blutergüssen kommen, auch Schmerzen ähnlich wie bei einem Muskelkater sind normal. Die Schwellungen können sogar mehrere Wochen anhalten, ein endgültiges Ergebnis sieht man erst nach sechs bis neun Monaten.

Risiken: Manche Schönheitschirurgen saugen bis zu zehn Liter Fett in einer einzigen Sitzung ab. Neben einer Lungenembolie und Blutgerinnseln kann es bei sehr großen Fettabsaugungen allerdings zu einem lebensgefährlichen Schock kommen. Deshalb entfernen seriöse Ärzte nicht mehr als drei bis fünf Liter Fett pro Sitzung. Bei wenig erfahrenen Ärzten kommen zudem immer wieder Dellen oder Asymmetrien im Gewebe vor, wenn der Körper nicht geschickt modelliert, sondern allzu radikal abgesaugt wird. Und wenn Muskeln oder Nerven beim Absaugen verletzt werden, kann das zu Taubheitsgefühlen, schlimmstenfalls auch zu Einschränkungen der Bewegungsfähigkeit führen.

Gut zu wissen: Einmal abgesaugte Fettzellen können nicht mehr nachwachsen. Allerdings können Fettzellen an anderen Stellen nun verstärkt Hormone anlocken, die dazu führen, dass sich diese Zellen stärker als vorher mit Gewebewasser aufblähen – und das sorgt manchmal für neue Pölsterchen.

Kosten: Je nach Größe des abzusaugenden Areals zwischen 2 500 und 8 000 Euro. Die Kassen zahlen nicht.

Wenn Schönheit zur Krankheit wird

Es gibt Menschen, die sich ständig in extremer Weise mit ihrem Körper beschäftigen und dennoch nie zufrieden sind: Ein Pickel wird zum Weltuntergang, ein Pfund zu viel auf der Waage ruiniert die Stimmung für den ganzen Tag. Dysmorphophobie oder BDD (Body dysmorphic disorder) nennen Experten dieses Phänomen. Dahinter steckt meist die krankhafte Angst vor Zurückweisung, manchmal auch eine latente Depression. In ihrer Sucht nach Schönheit landen viele dieser Menschen beim Plastischen Chirurgen. Doch ist erst einmal das Fett am Bauch abgesaugt, entdecken die Betroffenen plötzlich, dass der Po im Verhältnis zum Bauch nicht knackig genug ist. Ist der Po dann straff, fallen plötzlich die zu kleinen Brüste auf. Jeder Eingriff zieht dann häufig den nächsten nach sich. Seriöse Chirurgen und Hautärzte erkennen meist schnell, ob ein Patient unter einer ernsthaften Störung leidet. Eine Therapie kann helfen, einen Ausweg aus der Spirale der krankhaften Suche nach Schönheit zu finden.

Schönheitskorrekturen ohne OP – sanfte Methoden

Wesentlich angenehmer als alle Schnippeleien und das ganze Absaugen finde ich die neuen, sanfteren, aber dennoch sehr effektiven Schönheitskorrekturen, die bei vielen Kosmetikerinnen, aber auch Hautärzten angeboten werden. Mein Favorit ist die sogenannte Mesotherapie, auf die viele französische Frauen schon seit Jahren schwören. Für relativ risikolos halte ich auch Mono-Unterspritzungsstoffe wie Hyaluronsäure oder Kollagen.

Mesotherapie

So wenig wie möglich, so gezielt wie möglich – mit diesem Motto lässt sich die Mesotherapie beschreiben. Die Methode wurde 1952 von dem französischen Arzt Dr. Michel Pistor entwickelt. Dabei werden mit feinsten Kanülen oder einer Spritzpistole geringe Wirkstoffmengen verabreicht, die aber durch die Nähe zum erkrankten Bereich besonders wirksam sind. Neben Haarausfall und Fältchen im Gesicht lassen sich mit der Mesotherapie auch Alterserscheinungen am Körper behandeln, beispielsweise Cellulite-Dellen. Hier injiziert der Arzt einen Multivitamincocktail, der mit einem lokalen Betäubungsmittel und einem Eiweiß-Hormon gemischt ist. Dieser Mix kurbelt die Durchblutung an, lässt die Lymphe besser fließen und stimuliert den Fettabbau. Cellulite-Dellen werden so geglättet. Selbst die Fettabsaugung kann die Mesotherapie in bestimmten Fällen ersetzen. Dann nämlich, wenn sich kleine, aber sehr hartnäckige Pölsterchen an Bauch, Beinen oder Po festkrallen – ideal für Frauen, die sich über ein paar Pfunde zu viel ärgern, die sie selbst mit gezieltem Fitnesstraining nicht in den Griff bekommen. Dabei wird die Substanz Phosphatidylcholine gespritzt, die für eine Auflösung der Fettzellen sorgen soll. Bei der Mesotherapie kann es zu leichten Schwellungen im behandelten Bereich kommen, bei der »Fett-weg-Spritze« können auch kurzfristig Rötungen, Brennen und muskelkaterähnliche Schmerzen dazukommen.

Hyaluronsäure

Hyaluronsäure ist besonders verträglich, weil sie auch als körpereigene Substanz im Bindegewebe vorkommt und so gesehen ein abbaubarer Biostoff ist. Heute gibt es für jede Art von Falten die »maßgeschneiderte« Art von Hyaluronsäure: etwa eine mit sehr feinen

Partikeln zum Glätten von Plisseefältchen, eine mit größeren Gelpartikeln zum Aufpolstern von schmaler gewordenen Lippen oder eine mit sehr großen Partikeln zum Aufbau von Wangen oder einem »fliehenden Kinn«. Damit die Hyaluronsäure nicht so schnell vom Körper abgebaut wird, werden die Moleküle von einigen Herstellern quervernetzt und damit stabiler gemacht.

Wie es funktioniert: Hyaluronsäure wird punktuell entlang des Faltenverlaufes oder fächerförmig gespritzt. Nach dem Unterspritzen wird die Haut leicht massiert, um die Substanz besser im Gewebe zu verteilen. Hinterher ist die Haut je nach Empfindlichkeit mehr oder weniger stark geschwollen und an den Einstichstellen gerötet. Cool-Packs verschaffen Linderung.

Risiken: In den ersten Tagen nach der Unterspritzung sollte man starke Kälte und größere Hitze, ebenso pralle Sonne oder das Solarium meiden, damit sich das ohnehin irritierte Gewebe nicht entzündet.

Gut zu wissen: Bei vernetzter Hyaluronsäure hält der Effekt rund zwei bis zehn Monate an, bei der unvernetzten Variante nur ein bis vier Monate.

Kosten: ab 400 Euro pro Behandlung; die Kassen zahlen nichts.

Kollagen

Dieses Eiweiß gehört zu den Klassikern bei den Falten-Unterspritzungsstoffen. Aus ihm besteht auch ein Großteil unseres Bindegewebes. Kollagen wird aus Rinderhaut und -sehnen gewonnen und in einem aufwendigen Reinigungsprozess für die Unterspritzung aufbereitet. Tierisches Kollagen ist dem menschlichen sehr ähnlich, es wird normalerweise gut vertragen. Obwohl es heute schon besonders allergiearme Kollagen-Aufbereitungen gibt, machen seriöse Ärzte vier Wochen vor dem Eingriff einen Allergietest.

Wie es funktioniert: Dem in Deutschland verwendeten Kollagen ist immer ein Betäubungsmittel beigemischt. So halten sich die Schmerzen der Einstiche in Grenzen. Injiziert wird das Kollagen direkt tröpfchenweise in die Hautvertiefung und zwar alle drei Millimeter entlang des Faltenverlaufs. Hinterher streicht der Arzt mit sanftem Druck über die Stellen, um das Kollagen besser zu verteilen.

Risiken: Mit wiederholten Unterspritzungen steigt das Allergierisiko, außerdem verdickt sich die Haut leicht. Bei Rauchern baut sich das Kollagen übrigens besonders schnell wieder ab.

Gut zu wissen: Die Faltenglättung hält unterschiedlich lange an, meist zwischen zwei und zwölf Monate. An den Nasolabialfalten und am Mund baut sich Kollagen am schnellsten wieder ab.

Kosten: ab 400 Euro pro Behandlung; die Kassen zahlen nichts.

Sandra Bullock, Schauspielerin

Um frischer auszusehen, gönne ich mir zweimal im Jahr bei einer medizinischen Kosmetikerin ein sanftes Fruchtsäure-Peeling. Dabei wird die oberste Hautschicht abgetragen. Das brennt anfangs ein wenig, tut aber nicht wirklich weh. Nach einigen Tagen beginnt die Haut sich zu schälen, darunter kommt ein ganz zarter, feinporigerer Teint zum Vorschein.

Fake-Beauty mit Fragezeichen

Neben Operationen und Unterspritzungen gibt es einige Dinge im Bereich der künstlichen Schönheit, die Sie sich ebenfalls gut überlegen sollten. Künstliche Nägel, Permanent-Make-up, Tattoos und Sonnenbänke halte ich bereits für grenzwertig – und ich sage Ihnen auch, warum.

Sonnenbänke lassen die Haut genau wie die echte Sonne altern, allerdings teilweise im Turbotempo. Das Bruzzelbräunen rächt sich garantiert – mit vorzeitigen Knitterpartien, Pigmentflecken und schlimmstenfalls sogar Hautkrebs.

Künstliche Nägel machen regelrecht abhängig – von der nächsten Session beim Nagelprofi. Denn alle vier bis sechs Wochen müssen die Nägel grundüberholt und mit neuen Gelschichten überzogen werden, wenn das Ganze gepflegt aussehen soll. Auch wenn es einige positive Beispiele für sehr natürlich gestaltete Gelnägel gibt: Die meisten Kunstkrallen sehen leider aus wie mit Tipp-Ex lackiert. Zudem kann die Gelmasse Kontaktallergien auslösen.

Ein Permanent-Make-up kann – kunstvoll gestaltet – natürlich aussehen und ist ideal für Frauen, die sich nicht gerne täglich aufwendig schminken wollen. Doch seien Sie vorsichtig, in wessen Hände Sie sich für das Dauer-Tattoo begeben. Überzeichnete Brauen oder groteske dunkle Linien um den Mund sind hierbei keine Seltenheit. Am besten lassen sich Permanent-Spezialisten durch Mund-zu-Mund-Propaganda finden, nicht durch auffällige Werbung. Allerdings verblassen selbst bei einem sehr gut gemachten Permanent-Make-up mit der Zeit die Farben, die dann rötlich unter der Haut hervorschimmern. Das sieht gerade bei Augenbrauen und Lidstrichen wenig vorteilhaft aus.

Tattoos – klar, eine kleine Rose auf der Schulter sieht mit 20 einfach süß aus. Wenn die Rose aber mit 50 plötzlich auf der nicht mehr ganz so straffen Haut vor sich hin welkt, sieht das schon weniger schön aus. Ich denke einfach, dass man sich solche Dauermalereien auf dem eigenen Körper sehr gut überlegen sollte. Denn Moden und Geschmäcker ändern sich im Laufe des Lebens – und ein Tattoo lässt sich nicht einfach entsorgen wie ein alter Pullover. Selbst die neuesten Lasermethoden zur Entfernung dieser bunten Bilder liefern nur suboptimale Ergebnisse. Die Haut sieht an den gelaserten Stellen meist heller aus, der Schulter- und Rückenbereich neigt zudem verstärkt zu Narbenbildung.

Glamour für alle Lebenslagen

Ja, es gibt sie – diese ganz miesen Tage, wo die Welt sich scheinbar komplett gegen einen verschworen hat. Draußen regnet es in Strömen, die Kinder sind einfach nicht wach zu kriegen, das zweite Glas Wein am Abend war irgendwie zu viel, auf der Nase sprießt aus heiterem Himmel ein Pickel, und die Haare machen einfach, was sie wollen …

Doch auch für solche Zeiten gibt es kleine Retter und SOS-Tricks, die das Leben schnell wieder schöner machen und das Selbstbewusstsein pushen. Meine liebsten zeige ich Ihnen auf den folgenden Seiten.

Beauty- und Stimmungsretter

Schlechtes Wetter, schlechte Laune

Löwen-Mähne zähmen

Bei Schmuddelwetter spielen die Haare oft verrückt. Sie kringeln sich da, wo keine Locken sein sollen, oder machen schon auf dem Weg zum Auto am Ansatz schlapp.

Gegen den Struwwelpeter-Look helfen Anti-Frizz-Produkte. Sie enthalten meist feine Silikonöle, die sich wie ein Regenschirmchen schützend um jedes einzelne Haar legen und es so vor unerwünschten Kräuselungen bewahren. Am Haaransatz sorgen extrastarke Gele oder Stylingcremes für Halt und Volumen. Toll sind auch neue Haarpuder mit rein natürlichen Inhaltsstoffen wie etwa Harzen und Porzellanerde, die einen Push-up-Effekt auf den Ansatz haben und gleichzeitig für Struktur in den Haaren sorgen. Wenn die Haarspitzen trocken sind und nach allen Seiten abstehen, hilft etwas Handcreme (notfalls auch Lipgloss) als schnelle Styling-Hilfe.

Sonne für die Seele – Essen, das happy macht

Ärger im Job, quengelnde Kinder, der Liebste bis weit nach Mitternacht im Büro, der Himmel ist grau – und Ihre Laune fällt unter den Nullpunkt?

Essen Sie sich einfach glücklich und entspannt – das funktioniert wirklich, wenn Sie zum richtigen Mood-Food greifen. Schnelle Stresskiller sind beispielsweise die Vitamine der B-Gruppe (B1, B2, B6 und B12). Sie regen die Gehirntätigkeit an, vertreiben Stimmungstiefs und Müdigkeit und wirken wie Balsam für gespannte Nerven. B-Vitamine stecken reichlich in Fleisch, Milch- und Vollkornprodukten, in Soja, Hülsenfrüchten, Brokkoli, Spinat und Pilzen. Bio-Experten für gute Laune sind beispielsweise Äpfel und Kiwis. Sie enthalten reichlich Vitamin B6, das geradezu wie ein Schutzmäntelchen für gestresste Nerven wirkt.

Ein wahres Power-Mineral ist Magnesium. Bei Magnesiummangel fühlen wir uns müde, gereizt, ausgepowert, die Konzentration lässt nach. Stress führt leider dazu, dass der Körper vermehrt Stress-Botenstoffe ausschüttet – und genau die werden von Magnesium gehemmt. Essen Sie deshalb Lebensmittel, die viel von dem Anti-Stress-Stoff enthalten, etwa Hülsenfrüchte, Vollkornprodukte, Nüsse, Fisch und dunkelgrünes Blattgemüse. Avocados etwa enthalten viel Magnesium.

Ein weiterer Verbündeter in Sachen Mood-Food ist Zink. Das Spurenelement steckt unter anderem in Käse, Leber, Fleisch und Vollkornprodukten, aber auch in Ananas. Zink schafft Abhilfe bei Konzentrationsproblemen, schützt vor Infektionen und kurbelt sogar die Lust auf Liebe an – nicht ganz unwichtig in hektischen Zeiten. Orangen wiederum enthalten Folsäure, die antidepressiv wirkt. Besonders Frauen, die die Pille nehmen, haben oft zu wenig von diesem Mikro-Nährstoff im Körper. Mangos enthalten viel Eisen. Das sorgt für süße Träume und hilft sogar beim Prämenstruellen Syndrom (PMS).

Mein Extratipp: Der süße Glückskick

Wenn Sie einen schnellen Glücksmacher brauchen: Greifen Sie einfach zu einem Stück Trostschokolade, am besten mit einem Kakaoanteil von mindestens 60 Prozent. Schokolade enthält den Happy-Stoff Phenylethylamin, der vom Gehirn auch gebildet wird, wenn man gerade frisch verliebt ist. Die Kombination von Fett und Zucker hebt außerdem den Serotoninspiegel im Gehirn leicht an – das sorgt für zusätzliche Glücksgefühle.

Kater

Übelkeit lindern

Ein Glas Wein oder ein Cocktail zu viel? Da rebelliert am nächsten Morgen oft der Magen, weil er einfach übersäuert ist. SOS-Hilfe: ein großes Glas Wasser trinken.

Noch besser funktioniert der Säure-Basen-Ausgleich mit einem Ayurveda-Trick: Schälen Sie ein Stück Ingwer und lassen Sie es zehn Minuten in kochend heißem Wasser ziehen. Abkühlen lassen und lauwarm trinken.

Sehr wirksam sind auch sogenannte basische Lebensmittel, die die Säure im Körper neutralisieren. Basisch wirken beispielsweise Trockenfrüchte wie Rosinen oder Feigen, aber auch fast alle Obstsorten wie Bananen, Birnen, süße Äpfel, Melonen, Papaya, Aprikosen, Mangos oder Pfirsiche. Bereiten Sie sich daraus einfach als Katerfrühstück am »Morgen danach« einen Salat zu – und Ihr Magen ist blitzschnell wieder fit. Schlecht ist übrigens ein herzhaftes Käsebrötchen, denn die meisten Käse sind stark säurehaltig.

Rote Augen kaschieren

Wer den ganzen Abend in verrauchter Luft verbringt oder gar mit Make-up ins Bett geht, bekommt am nächsten Morgen die Quittung: rote Augen, die oft auch noch tränen. Das liegt daran, dass sich die Äderchen im Auge erweitern, und der vermehrte Tränenfluss ist eine Schutzreaktion des Auges auf Feinde von außen. Schnelle Hilfe: Wattepad in kalte Milch tauchen, auswringen und für zehn Minuten auf die geschlossenen Lider legen. In Sachen Make-up können Sie ebenfalls tricksen. Tiefblauer oder beigefarbener (nicht weißer!) Kajal schluckt die Rötung optisch. Toll ist auch eine gelbliche Lidgrundierung oder ein Abdeckstift in dieser Farbe, denn sie kaschiert bläuliche Verfärbungen.

PMS (Prämenstruelles Syndrom)

Pickel & fettige Haut bekämpfen

An den Tagen vor den Tagen kommen zu schlechter Laune oft auch noch Pickel und fettige Haut hinzu – eine gemeine Mixtur. Schuld daran ist das Hormon Progesteron, das in der zweiten Zyklushälfte vermehrt ausgeschüttet wird. Es regt die Talgdrüsen zu erhöhter Aktivität an, dadurch verstopfen die Poren – Mitesser und Pickel haben leichtes Spiel. Gut sind jetzt Beauty-Produkte, die mit Salicyl- oder Glycolsäure Verhornungen sanft lösen, die Entzündung lindern und die kleine Ölkrise der Haut mit Tonerde bekämpfen. Bei einzelnen Unreinheiten sind Anti-Pickel-Stifte ideal, die die Wirkstoffe in geballter Form enthalten und so die Störenfriede schneller zum Verschwinden bringen.

Schwellungen lindern

Einige Frauen nehmen in der zweiten Zyklushälfte bis zu drei Kilo zu, fühlen sich aufgedunsen und haben Schwellungen im Gesicht. Grund sind Wassereinlagerungen, mit denen sich der Körper auf eine mögliche Schwangerschaft vorbereitet. Gegen Schwellungen unter den Augen helfen Augengele, die durch Inhaltsstoffe wie Koffein eine sanft entwässernde Wirkung entfalten. Ebenfalls sehr wirksam: flach auf einem nicht zu weichen Kissen schlafen. Auch Kalzium soll laut einer Studie der New Yorker Gynäkologin Susan Thys-Jacobs gegen Wasseransammlungen helfen. Etwa 1200 Milligramm pro Tag sind die ideale Dosis, entweder in Form von Tabletten oder Milchprodukten, Käse und grünem Gemüse.

Krankheit im Anflug

Schneewittchen-Teint auffrischen

Wenn es im Hals kratzt und die Nase läuft, sieht man meist auch ein bisschen blass um die Nase aus. Die schnelle Lösung sind Selbstbräuner, die mit unschädlichen Zuckerverbindungen die oberste Hautschicht färben. Den Fake-Tan-Effekt (falschen Bräunungseffekt) sieht man bereits nach einer Stunde; er hält rund eine Woche. Wichtig: Vor dem Selbstbräuner ein Gesichtspeeling machen; es löst alte Hornschüppchen, die die Bräune sonst unregelmäßig machen würden. Danach zuerst die gewohnte Feuchtigkeitspflege auftragen und dann erst den Selbstbräuner. Anschließend die Hände gründlich mit Wasser und Seife waschen, damit die Handinnenflächen nicht bräunlich schimmern.

Abwehr stärken

Bei den ersten Anzeichen einer Erkältung wie beispielsweise einem Kratzen im Hals lässt sich der Krankheitsverlauf oft noch stoppen oder zumindest lindern. Ein klassischer Helfer ist das Spurenelement Zink. Es unterstützt die Produktion von Abwehrzellen und hemmt die Vermehrung von Viren. Zink schützt die Zellen zudem vor dem Angriff durch freie Radikale. Power-Therapie innerhalb der ersten 24 Stunden: fünf- bis sechsmal am Tag 10 Milligramm Zink als Lutsch- oder Brausetabletten einnehmen, und zwar über fünf bis sieben Tage. Ebenfalls sehr wirksam sind Cranberries, seit Jahrhunderten von den Indianern Nordamerikas als Wunderwaffe gegen viele Wehwehchen geschätzt. Es gibt sie frisch, getrocknet, als Saft oder Kapseln. Cranberries enthalten ein Antioxidans, das freie Radikale abfängt. Zudem steckt in den großen roten Beeren jede Menge Vitamin C, das ebenfalls antioxidativ wirkt und das Immunsystem stärkt.

Verschlafen

Gutes Standing für die Haare

Nur noch zehn Minuten, bis Sie aus dem Haus müssen, und der Look Ihrer Haare fällt eindeutig unter die Kategorie »nicht gesellschaftsfähig«? Falls eigentlich eine Wäsche nötig wäre, überbrücken Trockenshampoos oder parfümierte Body-Puder den kleinen Notstand. Einfach auf den Ansatz stäuben, kurz mit dem Handtuch durchrubbeln und gründlich wieder ausbürsten, damit keine Puderreste im Haar bleiben, die für einen Grauschleier sorgen können. Falls der Ansatz platt liegt: Etwas Styling-Lotion aufsprühen, Haare kurz auf Heizwickler drehen, auskühlen lassen, abwickeln, durchkämmen – fertig.

Schneller Anstrich

Erst eine Tagescreme, dann ein aufwendiges Make-up: Dafür reicht die Zeit jetzt nicht mehr. Schneller geht es mit einer getönten Tagescreme. Einfach direkt auf die gereinigte Haut auftragen und sanft verstreichen. Getönte Tagescremes sind meist mittelstark pigmentiert, decken dadurch leichte Rötungen und Unregelmäßigkeiten ab und lassen dennoch den eigenen Hautton durchschimmern.

Stress im Job

Hektik-Haut beruhigen

Bei vielen Frauen reicht schon ein kurzer stressbedingter Adrenalin-schub – schon glühen die Wangen, und am Hals machen sich Hektik-flecken breit. Der Hintergrund: Durch den Stress entstehen Botenstoffe, die unter anderem die Blutgefäße erweitern. Wer sowieso unter erweiterten Äderchen (Couperose) leidet, ist von den Rot-bäckchen besonders betroffen. Schnelle Abhilfe bringen kühlende und reizlindernde Thermalwassersprays aus der Apotheke oder Toner-Sprays mit Extrakten aus Lindenblüten, grünem Tee oder Trauben. Toll für Hektik-Haut sind auch Cremes mit der sogenannten »Derma Membran Struktur«, die es in Apotheken gibt. Diese im High-Tech-Verfahren unter hohem Druck entwickelte Cremebasis ist der natürli-chen Barriereschicht der Haut besonders ähnlich und kann Defekte in dieser obersten Hautschicht, die zu Reizungen und Rötungen führen, besonders gut ausgleichen.

Gelassenheit atmen

Richtiges Atmen kann helfen, den Herzschlag und damit den ganzen Körper einen Gang herunterzuschalten. Gut funktioniert das beispiels-weise mit folgender Yogi-Atem-Übung: Stellen Sie sich dafür gerade und möglichst bequem mit leicht gebeugten Knien hin, die Füße ste-hen etwa hüftbreit auseinander. Winkeln Sie die Arme leicht an, und verschränken Sie die Finger in Höhe des unteren Bauchs ineinander. Atmen Sie dann tief durch die Nase ein, die Hände wandern während-dessen langsam hoch bis zur Mitte des Brustbeins. Atmen Sie kräftig und laut hörbar durch den offenen Mund aus. Drehen Sie die Handinnenflächen dabei nach außen, die verschränkten Hände wan-dern langsam wieder herunter in Richtung unterer Bauch.

Variieren Sie die Übung jetzt, indem Sie die Hände während des Einatmens im großen Bogen vom unteren Bauch bis hoch über den Kopf führen. Stellen Sie sich, wenn Sie oben angelangt sind, auf die Zehenspitzen und dehnen Sie die Arme leicht.

Lösen Sie die Hände während des Ausatmens voneinander und führen Sie die Arme ausgestreckt seitlich am Körper wieder nach unten. Beide Übungen sollten Sie sechsmal wiederholen.

Meine zehn Basics im Kleiderschrank

Hand aufs Herz: Wie viele Fehlkäufe hängen in Ihrem Kleiderschrank? Meist kann jedes dieser Kleidungsstücke gleich eine ganze Geschichte erzählen. Das grasgrüne Kleid konnte Ihnen die Verkäuferin damals aufschwatzen, als Sie gerade den Liebeskummer Ihres Lebens hatten und völlig willenlos waren. Dabei hassen Sie Grün ... Und diese Highheels mit superdünnem 10-Zentimeter-Absatz mussten es sein, weil dieser Wahnsinns-Schuhdesigner schließlich auch die Füße der Mädels in »Sex and the City« schmückt. Blöd nur, dass Sie normalerweise schon mit bequemen Keilabsätzen ins Straucheln geraten. Auch ich habe so einige Kleidungsstücke »mit Geschichte« in den Tiefen meines Schranks, über die sich jeder Verkäufer in einem Second-Hand-Laden freuen würde.

Meine Kostümbildnerin hat mir vor einigen Jahren mal erzählt, dass sie sich in Sachen Kleidung extrem reduziert hat. Dadurch passt inzwischen alles zu allem, und sie kann morgens praktisch im Dunkeln in ihren Schrank greifen – und sieht immer gut aus. Das habe ich mir ein bisschen abgeguckt: Ich setze auch mehr und mehr auf Basics und

Ich setze auch mehr und mehr auf Basics und lasse mich weniger von kurzlebigen Modetrends leiten.

lasse mich weniger von kurzlebigen Modetrends leiten. Wenn ich mir etwas extrem Modisches kaufe, dann eher in preisgünstigen Läden. Die echten Basics dagegen dürfen schon mal etwas teurer ausfallen, schließlich sind das ja geradezu Stücke fürs Leben. Mit den richtigen Accessoires lassen die sich immer wieder modisch aufpeppen.

Ich liebäugele gerade mit einem klassischen beigefarbenen Trenchcoat einer Klassikermarke aus England. Der sieht zu Jeans wie zu Röcken toll aus und funktioniert sogar als edler Stilbruch über einem zarten Chiffonkleid. Hier aber nun meine Basics für den Kleiderschrank:

Weiße Bluse

Der Klassiker, aber immer wieder schön und absolut zeitlos. Selbst wenn Sie einen ganz schlechten Tag erwischt haben, schmeichelt eine weiße Bluse dem Teint und lässt Sie einfach smart aussehen. Dazu können Sie selbst Ihre alte Lieblingsjeans kombinieren – und sehen trotzdem toll aus. Achten Sie bei einer weißen Bluse auf eine gute Qualität, schön sind breite Manschetten, die Sie eventuell mal mit Manschettenknöpfen tragen können. Das gute Stück hält meistens nur einen Tag durch, denn es ist nur frisch gewaschen und perfekt gebügelt wirklich schön.

Jeans

Auch wenn der Kauf einer neuen Jeans Sie an den Rand des Nervenzusammenbruchs treibt: Probieren Sie so lange, bis Sie Ihr ganz persönliches Idealmodell auf den Hüften haben. Generell gilt aber: Dunkle Jeans sehen immer ein wenig eleganter als helle, verwaschene aus. Modelle, die tief auf den Hüften sitzen, sind relativ unbequem und schmeicheln wirklich nur schmalen Figuren. Normalfrauen sind mit der taillenhohen Variante besser bedient. Auch wenn die Slim-Form lange Zeit in war, finde ich einen gemäßigten Boot Cut (leicht ausgestelltes Bein) vorteilhafter, denn der lässt die Beine an den Oberschenkeln schmaler wirken.

Bleistift-Rock

Heute Tulpenform, morgen Mini, übermorgen plötzlich Plissee: Die Rockmode ist ziemlich launisch. Ein treuer Begleiter und noch nie wirklich aus der Mode gekommen, ist der gemäßigte Bleistiftrock in einer knieumspielenden Länge. Der wirkt sexy, ohne plump zu sein, bringt auch nicht ganz so schlanke Beine vorteilhaft zur Geltung und sieht je nach Kombination mit Bluse oder T-Shirt edel bis lässig aus. Bei etwas breiteren Hüften lässt er sich zudem mit einem längeren Oberteil kombinieren, ohne dass gleich ein unförmiger Zelt-Look dabei rauskommt.

T-Shirt

Ich liebe T-Shirts, weil Sie einfach Multitalente sind. Schöner als solche mit wilden Mustern, politischen Statements oder Aufdrucken finde ich schlichte farbige, entweder mit Rundhals oder V-Ausschnitt. Idealerweise sind sie aus Baumwolle mit einem kleinen Stretch-Anteil, so bleiben sie auch nach vielen Wäschen noch in Form. Achten Sie darauf, dass die Shirts nicht zu eng sitzen, sonst wirkt auch der schlankste Body wie eine Wurst in der Pelle. Checken Sie vor dem Spiegel beim T-Shirt-Kauf unbedingt ihre Rückansicht. Falls kleine Röllchen unter dem BH sichtbar werden, probieren Sie besser eine Nummer größer.

Ideal zum Kombinieren sind die Farben Weiß, Camel, Schwarz, Dunkelblau und Grau. Für farbige Hingucker sorgen T-Shirts in einem satten Grün, einem knalligen Pink oder einem strahlenden Yves-Klein-Blau. Achten Sie bei weißen Shirts außerdem darauf, dass Sie relativ dicht gewebt und damit undurchsichtig sind, sonst scheinen selbst hautfarbene BHs durch. Andere Möglichkeit: Tragen Sie zwei hauchdünne T-Shirt in Kontrasttönen übereinander, dieser Lagen-Look sieht toll aus und ist sehr trendy.

Shift-Kleid

Ein schmales ärmelloses Shift-Kleid schmeichelt einfach jeder Figur. Wichtig: Es darf nicht knackeng sitzen, sondern sollte nur die Figur umspielen. Zudem eignet es sich – je nach Material und Styling – für fast jeden Anlass. Mit einer Cashmere-Strickjacke, blickdichten Strümpfen und flachen Stiefeln ist es perfekt zum Kaffeetrinken mit der besten Freundin. Mit Highheels, tollem Schmuck und einem Pashmina-Schal wird es zum kleinen Schwarzen für den Opernbesuch oder die große Party. Und in sommerlich leichter Baumwollqualität und mit flachen Sandalen ist es geradezu der perfekte Begleiter zum Sundowner an der Strandbar.

V-Pulli

Er macht einen langen Hals und streckt die gesamte Optik. Im Vergleich zum Rundhals oder Rollkragen lässt er auch einen großen Busen weniger üppig erscheinen. Achten Sie darauf, dass der Ausschnitt nicht zu klein ist; er sollte am besten kurz vor dem Busenansatz enden. Pullis mit tieferen V-Ausschnitten lassen sich toll mit dünnen Tops darunter kombinieren, entweder Ton in Ton oder in einer Kontrast-Nuance. Im Sommer sind V-Pullis aus Baumwolle oder Cool Wool ideal, im Winter schmeicheln Cashmere oder weiche Merinowolle der Haut.

Trenchcoat

Einen qualitativ hochwertigen Trenchcoat können Sie jahrzehntelang tragen. Einfach, weil sein Schnitt nie aus der Mode kommt. Deshalb rate ich auch zu einem klassischen Schnitt mit doppelreihiger Knopfleiste, Gürtel und Schulterklappen. Rüschen, ungewöhnliche Raffungen oder bunte Knöpfe sind an anderen Kleidungsstücken toll, aber bitte nicht am Trenchcoat. Keine Angst vor dem strengen Business-Look: Zum Kostüm mit Pumps sieht ein Trenchcoat vielleicht etwas bieder aus, als Kontrastbruch zum zarten Chiffonkleid, zum Blumen-Rock oder zu Jeans und derben Stiefeln wirkt er unglaublich trendy. Bleibt die Qual der Wahl bei der Farbe: Beige ist klassisch, Schwarz modischer.

Strickjacke

In meinem Schrank hängen Strickjacken in verschiedenen Farben, weil sich damit jedes Outfit variieren lässt. Egal, ob im Sommer bei der Radtour mit den Kindern oder im Sender, eine kleine Strickjacke habe ich immer dabei. So vermiest mir ein kühlerer Sommerabend im Biergarten nicht die Laune, und die Klimaanlage im Büro kann mir keinen Schnupfen bescheren. Am schönsten finde ich schlichte Baumwoll-, Woll- oder Cashmere-Jäckchen mit Rundhals oder V-Ausschnitt. Die passen zum Kleid, zum Rock oder zu simplen Jeans. Schick (und sehr schmeichelhaft für die Figur) sind auch knielange Strickjacken oder -mäntel, die in der Übergangszeit glatt eine Jacke ersetzen.

Schal

Schals und Tücher sind neben Ketten meine liebsten Accessoires, einfach deswegen, weil man beispielsweise mit einem Seidencarree in kräftigen Farben selbst ein schlichtes weißes Shirt samt Jeans aufpeppen kann. Für die Reise empfehle ich einen dünnen, aber dennoch warmen Schal aus Cashmere-Seidengemisch oder einen Pashmina. Diese Leichtgewichte schützen im Flugzeug vor einer zu kalten Klimaanlage, dienen am Strand als Pareo, machen sich abends zum Dinner toll als eleganter Jackenersatz und wärmen bei stürmischem Wind am Strand den empfindlichen Hals.

Schuhe: Semi-Heels oder Reiterstiefel

Bei aller Liebe für schwindelerregend hohe Sandalen von Manolo Blahnik oder Stilettos von Jimmy Choo, die bei der Sicherheitskontrolle am Flughafen glatt als Waffe durchgehen würden: Investieren

208

Sie lieber in ein tolles Paar Pumps mit einer Absatzhöhe von rund fünf Zentimetern. Der Absatz sollte nicht zu spitz, aber auch nicht zu klobig sein, und Sie sollten sicher darauf laufen können. So ein Schuh lässt sich toll zum Rock und zu Hosen kombinieren und gehört neben einem Paar Sneakers auch in das minimalste Reisegepäck. Für Herbst und Winter empfehle ich ein Paar schlichte, flache Stiefel im Reiterlook in Braun oder Schwarz. Die kommen einfach nie aus der Mode und sind zu Röcken wie zu Hosen tragbar. Zudem sind sie echte Allrounder und machen einen schicken Stadtbummel genauso mit wie einen Spaziergang durch den Wald.

Was macht uns jünger? Und was lässt uns alt aussehen?

Es gibt sie, die Freunde und gnädigen Begleiter in Sachen Beauty und Mode, die uns Frauen auch an ganz schlechten Tagen nie im Stich lassen. Und dann gibt es die Feinde, die uns buchstäblich alt aussehen lassen. Ich habe Ihnen meine Do`s & Dont`s-Liste zusammengestellt.

Do's

Die Farbe Rot
Egal, ob per Kleid, Tasche, Kette, Lippenstift oder Nagellack – Rot ist ein absoluter Hingucker und wirkt wie ein Wake-up-Call für einen müden Teint. Aber bitte nicht von Kopf bis Fuß, weniger ist bei dieser Power-Farbe einfach mehr.

Pony

Sei es als Vollpony oder als gestufte Seiten-Variante, ein Pony macht einfach jünger. Er kaschiert die Zornesfalte auf der Stirn und lenkt sogar von Fältchen um die Augen herum ab. Stars wie Nadja Auermann oder Natalie Imbruglia sehen mit Pony einfach hinreißend aus. Tipp: Am besten leicht fransig und mit fließendem Übergang zur Seitenpartie schneiden lassen, so kann man die Haare mit Gel oder Wachs auch mal zur Seite kämmen.

Ton ab

Wenn Sie beim Make-up-Kauf bei der Wahl der Farbe unsicher sind, sollten Sie lieber auf die hellere Beige-Nuance setzen. Denn Make-up ist dazu da, den Teint auszugleichen, aber nicht, um ihn zu bräunen. Zu dunkle Make-ups lassen den Teint zudem älter aussehen. Und: Jedes Make-up dunkelt im Laufe des Tages durch das Hautfett noch ein wenig nach – auch daran sollten Sie denken. Finger weg auch von zu rosastichtigen Nuancen, die sorgen bei Tageslicht schnell für einen unschönen Miss-Piggy-Look. Da die meisten Frauen hierzulande einen rötlichen Unterton der Haut haben, sind gelbliche Beigetöne die bessere Wahl.

Short Cuts

Lange Haare sind toll, und ich liebe meine blonde Mähne. Aber von Zeit zu Zeit habe ich schon mal mit einem Short Cut geliebäugelt, denn er hat einfach einen Jungbrunnen-Effekt. Es muss ja nicht gleich ein ultrakurzer Pixie à la Mia Farrow sein. Und auch allzu geometrische Kurzhaarschnitte wie aus den 60er Jahren finde ich oft zu streng, wenn man nicht ein unglaublich ausdrucksvolles Gesicht hat (und wer hat das schon). Ideal finde ich gestufte Short Cuts mit einer etwas längeren Nackenpartie, die das Gesicht weich und weiblich umrahmen. Jane Fonda beispielsweise sieht mit so einem Schnitt einfach klasse und alterslos aus. Wichtig bei kurzen Haaren ist allerdings das Styling, sonst wirkt das Ganze schnell zu burschikos. Die Augen dürfen ruhig ein wenig intensiver geschminkt werden, Smokey Eyes sehen toll zu einem Short Cut aus. Ein schöner Kontrast zu kurzen Schnitten sind weibliche Mode-Statements wie zarte Kleider, schwingende Röcke oder feminin geschnittene Blusen.

Schöner Schimmer

Beim Make-up sollten Sie auf ein wenig Schimmer setzen, er gibt der Haut diesen ganz natürlichen Glow, der Sie jünger aussehen lässt. Weniger vorteilhaft sind dagegen mattierende Make-ups, die leider jedes Fältchen besonders deutlich hervorheben und der ohnehin meist schon trockenen Haut mehr Feuchtigkeit entziehen. Das Gleiche gilt übrigens für Puder: Verwenden Sie ihn daher am besten nur in winzigen Dosen und wählen Sie eine Variante, die leichte Schimmerpartikel enthält.

Lippen locken

Im Laufe der Zeit werden die Lippen leider schmaler, feine Fältchen graben sich am Rand ein. Dagegen hilft ein optischer Trick: Gloss wirkt wie ein Push-up auf die zarte Lippenhaut, lässt sie durch das Plus an Feuchtigkeit sofort üppiger aussehen. In Parfümerien gibt es auch sogenannte Lip-Plumper, das sind Cremes oder Glosse, die die Lippen mit dem Super-Feuchtigkeitsbinder Hyaluronsäure und anderen Substanzen für einige Stunden ein wenig aufpolstern.

Rotbäckchen

Rouge ist der Muntermacher fürs Gesicht schlechthin, es lässt Sie sofort frisch und fit aussehen. Wichtig ist, dass Sie sich keine Apfelbäckchen machen, die sehen allenfalls bei Models und ganz jungen Mädchen witzig aus. Besonders natürlich wirken sanfte Apricot- und Rosenholztöne. Auch toll: Verwenden Sie einen gold oder kupfer schimmernden Bronzer als Rouge.

Lichtblicke

Die Augen leuchten besonders strahlend, wenn Sie mit glänzendem Lidschatten arbeiten, am besten in zarten Rosé- oder Elfenbeintönen. Etwas intensiver sind Nougat oder Silbergrau. Die hellen Töne können Sie flächig über das gesamte Lid bis ganz nach oben unter die Augenbrauen auftragen, der dunklere Ton wird nur ab der Mitte des beweglichen Lids aufgetragen und nach außen zum äußeren Augenwinkel hin sanft verwischt.

Mein Extratipp: Perlen

Perlenschmuck schmeichelt dem Teint einfach und bringt ihn zum Leuchten. Keine Angst vor Spießigkeit, es muss ja nicht das klassisch kurze Collier aus weißen Zuchtperlen sein. Schön und sehr modern sind lange Ketten oder Ohrhänger mit unregelmäßig geformten Süßwasserperlen oder grauschwarz schimmernden Tahitiperlen.

Dont's

Zu enge Kleidung

Eine 38 ist eine 38 ist eine 38? Leider nicht. Denn so vielfältig, wie die Labels heute sind, so unterschiedlich fallen auch die Konfektionsgrößen aus. Mag sein, dass es dem Ego schmeichelt, wenn man in Größe 38 passt, wenn aber Größe 40 deutlich vorteilhafter aussieht, sollte man sich nicht beirren lassen. Schließlich laufen Sie nicht mit dem Größenschild nach außen rum. Und um die Verwirrung noch komplett zu machen: Eine italienische Größe 38 entspricht einer deutschen 34, eine französische oder spanische 38 ist die deutsche 36. Denken Sie dran: In zu enger Kleidung sieht man immer fülliger aus, als man ist, figurumspielende Mode macht dagegen schlank.

Tweed

Auch wenn der immer wieder mal Hochsaison hat: Tweed ist ein eher »männlicher« Stoff und schmeichelt der femininen Figur leider wenig. Besonders bei schmalen Schnitten macht er dicker, als man eigentlich ist. Als lässiger Mantel ist Tweed gut zu tragen, weniger geeignet ist dieser Stoff für ein schmales Shift-Kleid.

Minirock

Die Oberschenkel werden von vielen Frauen kritisch beäugt. Warum also sollte man gerade diese Partie unnötig betonen, wenn das übrige Bein als viel schöner empfunden wird? Ein Rock, der über dem Knie endet, ist mindestens genauso sexy wie ein Mini und wirkt oft einfach harmonischer zu den Proportionen des Körpers. Nicht besonders vorteilhaft ist ein Mini übrigens auch bei sehr dünnen Beinen, besonders, wenn das Ganze mit Stiefeln kombiniert wird.

Hautfarbene Strümpfe/Strümpfe mit Muster/bunte Strümpfe

Jedes Jahr kommt die Strumpfindustrie mit neuen Modellen auf den Markt. Was da allerdings in der Werbung an computertechnisch verschlankten Beinen umwerfend aussieht, muss ein normales Frauenbein nicht unbedingt schöner machen. Besonders tückisch sind Strumpfhosen in Haut- und Pudertönen mit Glanz. Darin wirkt selbst Nadja Auermann proper, weil die Kombi aus hell und schimmernd das Bein leider kräftiger wirken lässt. Gemein können auch farbige Strumpfhosen in Grün, Blau oder Orange sein. Blickdicht sind sie ein witziges Accessoire zur Kleidung, relativ transparent verändern sie den Hautton je nach Farbe in eine scheußlich ungesund aussehende Nuance. Achtung auch bei Strümpfen mit Muster, sie lassen die Beine meist üppiger erscheinen. Ideal und figurfreundlich sind dagegen schlichte, halbtransparente Strümpfe (30 oder 40 den) sowie feinmaschige Netzstrumpfhosen.

Eintönige Haarfarbe

Eine einheitliche Haarfarbe sieht immer langweilig und vor allem künstlich aus, denn die Natur ist halt nicht so eintönig. Wenn Sie sich für eine Coloration entscheiden, sollten Sie sich auch immer einige Strähnchen setzen lassen – aber bitte Ton in Ton. Schlimm sehen sehr helle Strähnchen in dunklen Haaren aus, und umgekehrt wirken dunkle Strähnen in hellen Haaren immer ein wenig schmutzig. Ideal sind Strähnchen, die sich zwei bis drei Nuancen um die eigene (oder künstliche) Haarfarbe herum bewegen. Schön ist auch ein Mix aus kühlen und warmen Nuancen, also etwa Goldblond und Perlblond.

Lippenstifte mit viel Perlmutt

In den 60er Jahren waren sie der Hit, heute sind sie – glücklicherweise – ziemlich aus der Mode gekommen: Lippenstifte mit viel Perlmutt, die den Mund wie gefrostet aussehen lassen. Zum einen wirkt dieser eisige Look unnatürlich, zum anderen lässt er die Lippen schmal und zickig wirken.

Zu üppiger Schmuck

Böse Stimmen behaupten, dass manche Frauen mit großen Ohrringen ihre OP-Narben vom Lifting verbergen wollen. Da mag etwas dran sein, aber ich finde üppigen Schmuck oft einfach überzogen, besonders, wenn er in Massen am Körper hängt. Die Kette mit dem großen Anhänger sollte einfach ein Einzeltäter sein, die Kombination mit dem breiten Armreifen und den ausgefallenen Ohrhängern verwirrt die Augen. Schöner und edler wirken oft zarte Schmuckstücke wie kleine Diamantohrstecker, ein simpler goldener Armreif oder eine Kette mit einem kleinen, aber ausgefallenen Anhänger. Ebenfalls schön: eine hochwertige schlichte Uhr. Die Pop-Version sollten Sie allenfalls zu Jeans oder im Urlaub tragen.

Falsche Taschengröße in Proportion zur Figur

Die richtige (oder auch falsche) Tasche kann die gesamte Optik einer Person entscheidend beeinflussen. Eine üppige Frau, die eine kleine Rucksack-Tasche auf dem Rücken trägt, wirkt dadurch sofort noch etwas fülliger. Eine zierliche Frau von 1,60 wiederum wird von einer Oversized Bag, und sei diese noch so trendy, oft regelrecht »erschlagen«.

Ein absolutes No-Go sind Taschen, die überhaupt nicht mit dem übrigen Outfit korrespondieren: Zu einem schicken Kostüm oder Hosenanzug passt keine quer über die Schulter gehängte Messengerbag. Und zum kleinen Schwarzen sollte man nicht statt einer zierlichen Clutch in der Hand einen sackartigen Lederbeutel auf der Schulter haben.

Schlecht sitzende BHs

Um einen guten BH zu finden, braucht man etwas Zeit. Mein Tipp: Gehen Sie nicht ins Kaufhaus, sondern in ein gutes Dessous-Geschäft mit einer Verkäuferin, die Ihnen beratend zur Seite steht. Sie kann auch den Sitz des BHs im Rücken kontrollieren, der ist nämlich später besonders wichtig.

Ein guter Bra sollte auf keinen Fall zu dünne Träger haben, die in die Haut einschneiden können. Bei etwas mehr Busen (so ab 75 C) sind BHs mit Bügeln ideal, denn sie stützen die Brust ein wenig – das sorgt erfreulicherweise auch für eine schönere Optik. Wichtig ist zudem der Umfang eines BHs (dafür stehen die Zahlen 75, 80, 85 etc.). Wählen Sie ein Modell, das nicht zu locker sitzt. Es sollte aber auch keinesfalls zu stramm sitzen, sonst zeichnen sich später unter dem Shirt unschöne Röllchen ab. Auch die Körbchengröße (mit A, B, C, D etc. bezeichnet) sollte stimmen. Sind die Körbchen nämlich zu groß, sieht das komisch aus, sind sie indes zu klein, quillt der Busen unschön heraus.

Zu starkes Make-up

Stark betonte Augen oder ein pinkfarbener Mund können tolle Make-up-Statements sein. Wenn das ganze Gesicht allerdings eine einzige Drama-Inszenierung ist, macht das eher älter als jünger. Dicke, zu dunkle Make-up-Schichten, zu stark getuschte Wimpern oder zu dunkel umrahmte Lippen wirken schnell grotesk und betonen Fältchen, anstatt sie zu kaschieren.

Kleidung mit zu viel Schnickschnack

Rüschen, Blümchen, Falten, Raffungen, Stickereien, Spitze oder Pailletten: All das kann toll aussehen, einzeln und in Maßen wirkt das wie ein Schmuckstück. Wer aber von Kopf bis Fuß glitzert, flittert oder perlt, wirkt oft übertrieben und albern, weil das Auge gar nicht weiß, wo es zuerst hingucken soll. Gleiches gilt übrigens für auffällige Muster wie Leo, Zebra oder Schlange. Toll als Einzelteil (Bluse) oder Accessoire (Gürtel, Tasche), aber too much von oben bis unten.

Zu dunkle Haare

Stars sind oft wie Chamäleons: heute blond, morgen brünett und übermorgen plötzlich rot. Tatsache ist jedoch, dass die meisten Frauen mit helleren Haaren jünger aussehen. Dunkle Haare, besonders ganz schwarze, machen dagegen älter und sehen zudem meist künstlich aus. Falls Sie unsicher sind, lassen Sie sich am besten von einem guten Friseur die Haarfarbe empfehlen, die zu Ihrem Typ passt. Auch die Augenfarbe, der Ton des Teints und die Farbe der Augenbrauen spielen dabei eine wichtige Rolle.

Üppig toupierte Haare

Volumen in den Haaren ist toll, zu stark aufgeföhnte Schnitte sehen allerdings schnell madamig aus. Der Hinterkopf darf gerne betont sein, die Seitenpartie sollte dann etwas schmaler fallen, das macht das

Gesicht insgesamt weniger rund. Verzichten Sie möglichst auf häufiges Toupieren, es schädigt die Haarstruktur. Gesündere Volumengeber sind Schaumfestiger, die gleichzeitig Halt, Glanz und Pflege liefern. Hinterher sorgt ein Gel-Wachs in den Längen und Spitzen für Struktur. Gönnen Sie Ihrem Haar auch immer wieder Zeiten ohne Styling-Produkte, denn sie lagern sich auf Dauer im Haar ab und machen es schwer und strähnig.

Zu dünn sein

»Man kann nie reich und dünn genug sein«: Dieses Bonmot der Herzogin von Windsor würde ich nicht unterschreiben. Über den Reichtum mag man streiten, magersüchtige Frauen um die 50, die aus der Ferne teilweise wie junge Mädchen wirken, gibt es leider viel zu viele in der Glitzerwelt. Sollten erwachsene Frauen wie Mädchen aussehen? Ich finde nein. Und eigentlich ist das auch ganz entgegen der Natur. Denn ab Anfang 40 bemerken die meisten Frauen, dass ihr Körper sich verändert. Die Haut wird trockener, die Proportionen verschwimmen ein bisschen mehr, der Stoffwechsel wird insgesamt träger, Muskelgewebe wird schneller und Fett plötzlich langsamer abgebaut. Doch das hat auch einen Vorteil: Kleine Pölsterchen unter der Haut lassen sie praller und glatter wirken. Hüten Sie sich deshalb jenseits der 40 vor Crash-Diäten, radikalen Fastenkuren und einseitiger Ernährung. Das führt nur zu einem Jojo-Effekt und lässt das Bindegewebe erschlaffen.

Glamour ist eine Lebenseinstellung

Liebe Leserin (und lieber Leser natürlich),
wie Sie bemerkt haben werden, habe ich mit diesem Buch versucht, Ihnen meine Vorstellung von wahrer und vor allem wahrhaftiger Schönheit etwas näherzubringen. Und Sie werden ebenfalls bemerkt haben: Äußere Attraktivität ist immer mit einem harmonischen Inneren verknüpft. Wenn unser Innenleben nicht in Balance ist, wird »Schönheit« schnell zur durchschaubaren Fassade. Sie wirkt platt, aufgesetzt und langweilt schnell. Fragen Sie sich doch einmal selbst,